"LA PERSECUZIONE DEI GIUSTI. PRESENZE UGONOTTE NELLA LETTERATURA DRAMMATICA DELL'OTTOCENTO ITALIANO"

Copyright © 2015 **GIORGIO PANNUNZIO**

Opera pubblicata e distribuita da: **Lulu Press**
3101 Hillsborough St, Raleigh
North Carolina (USA)

www.lulu.com

Seconda Edizione Riveduta Novembre 2015

ISBN 978–1–291–76311–9

3

4

GIORGIO PANNUNZIO

LA PERSECUZIONE DEI GIUSTI.
PRESENZE UGONOTTE NELLA LETTERATURA
DRAMMATICA DELL'OTTOCENTO ITALIANO

5

1. Premessa: la cornice storica

L'analisi che condurremo nel presente saggio (di tipo essenzialmente semasiologico) cercherà di porre in evidenza come il testo vada ad inserirsi all'interno di un più generale interesse verso le vicende degli Ugonotti francesi, questi ultimi considerati rappresentativi – "ante litteram" – di quegli ideali di uguaglianza e di libertà che poi sarebbero stati anche il motore di certa parte democratica dell'intellettualità risorgimentale italiana. Quella dei democratici, che dovettero soccombere di fronte alle istanze moderate di tipo cavouriano, fu una parte sicuramente perdente, ma di certo non priva di spessore culturale e di impatto sociale, almeno a giudicare dalla pletora di drammi e di tragedie che seppe produrre a testimonianza dei propri ideali. Tale analisi sarà preceduta dalla disamina di alcuni drammi che presentarono al pubblico tematiche similari (come quelli di Napoleone Giotti[1] e del D'Agnillo[2]), per tentare di individuare una radice comune a cui anche l'ultimo autore esaminato, Gaetano Gattinelli, avrebbe poi fatto riferimento[3].

---

[1] Cfr. N. GIOTTI, *Gli Ugonotti: dramma storico di cinque atti in versi*, Firenze, A. Romei, 1854.

[2] Cfr. G.N. D'AGNILLO, *Trilogia drammatica*, Napoli, Pierro, 1897.

[3] Cfr. G. GATTINELLI, *La notte di San Bartolomeo: dramma storico in cinque atti*, Napoli, Libreria Teatrale, s.d. [ma 1867]; poi in *Teatro drammatico di Gaetano Gattinelli*, Roma, Tip. Dionisio Squarci, 1887, pp. 241 – 310.

A tal proposito, sarà bene dar qualche cenno sulle vicende storiche che fanno da sfondo all'azione drammatica, e si dirà che, in reazione alla crescita dell'influenza degli Ugonotti e allo straordinario zelo dei Protestanti nella seconda metà del Cinquecento, la violenza dei Cattolici nei loro confronti crebbe nello stesso momento in cui le varie concessioni e i vari editti di tolleranza divenivano sempre più liberali[4]. Nel 1561 l'editto di Orléans fece terminare le persecuzioni, mentre l'editto di Saint Germain del 17 gennaio 1562 riconobbe per la prima volta gli Ugonotti come entità politico–religiosa. Queste misure, in realtà, denunciavano la crescente tensione nelle relazioni tra Cattolici e Protestanti, sicché i tentativi di conciliazione su cui si tentava di imporre la pace divennero al contrario le cause della guerra e, quando la violenza degenerò, le divisioni si rivelarono ormai inconciliabili. Le agitazioni politiche condussero a ben otto guerre civili, interrotte da periodi di relativa calma, tra il 1562 e il 1593. A ogni pausa, la fiducia degli Ugonotti nei confronti del soglio pontificio diminuiva sempre di più, i rapporti con i cattolici si facevano sempre più violenti e le richieste da loro fatte alla cancelleria reale sempre maggiori, almeno fino all'ultima cessazione delle ostilità

---

[4] Per le notizie che seguono, cfr. M.P. HOLT, *The French wars of religion (1562-1629)*, Cambridge, CUP, 1995, con bibliografia.

del 1598. I conflitti, nati come guerre di religione, presero gradualmente un carattere dinastico, sviluppandosi in una faida estesa fra la casata dei Borboni e quella di Guisa, le quali, muovendosi abilmente tra le contraddizioni religiose del partito rivale, puntavano entrambe al trono di Francia. La corona era tenuta dalla casata dei Valois, che generalmente parteggiava per i Cattolici, ma che in più occasioni era passata dalla parte dei Protestanti in virtù di vari espedienti politici. Oltre alla lotta fra le due grandi famiglie sopra citate, nelle dinamiche relative alla successione al trono entrarono anche questioni riferibili ai problemi della nobiltà, piccola e grande, che tentò di difendere i propri privilegi feudali; ma non minore fu, in tali vicende, l'importanza tanto della borghesia (che sperava in una legislazione favorevole al commercio), quanto degli artigiani, i quali desideravano ottenere una posizione più elevata nella scala sociale. Gli Ugonotti acquistarono dunque sempre più forza e cercarono di escludere i Guisa dalla corte, facendo accettare Luigi I di Borbone–Condé come reggente nel periodo in cui Carlo IX non era ancora maggiorenne. Sfortunatamente il tentativo non ebbe buon esito, perché la parte cattolica reagì imprigionando e giustiziando numerosi Ugonotti. Le guerre di religione francesi iniziarono con la strage di Wassy il 1º marzo

1562, nella quale i seguaci del duca di Guisa massacrarono un folto gruppo di Ugonotti, i quali, da quel momento, si trasformarono definitivamente in un movimento politico. I predicatori protestanti raggrupparono una considerevole armata che fu posta sotto il comando dell'Ammiraglio Gaspard II de Coligny. Enrico di Navarra e la casata dei Borboni si allearono con gli Ugonotti, aggiungendo ricchezze e commerci alla loro forza, tra cui sessanta città fortificate che posero una seria minaccia alla corona cattolica e a Parigi per le successive tre decadi.

2. LE VICENDE UGONOTTE NEL TEATRO E NELLA NARRATIVA ITALIANA DELL'OTTOCENTO: UN BREVE RAGGUAGLIO.

2.1. *GLI UGONOTTI* DI NAPOLEONE GIOTTI
Il testo del Giotti[5] appartiene alla prima categoria

---

[5] Napoleone Giotti alias Carlo Johuaud, autore drammatico, nato a Milano nel 1803 e morto a Firenze il 30 giugno 1897, seguì la scuola del Niccolini, al quale dedicò il suo primo dramma, *Aroldo il Sassone* (1846). Seguirono *Giano della Bello* (1847), la trilogia sulla *Lega Lombarda* (1848), nella quale è celebrata, in versi sonanti di patriottismo, la resistenza dei Lombardi. Nel 1853 successo entusiastico ebbe *Monaldesca*, interpretata dalla Ristori. Con quest'ultimo dramma il Giotti declina verso la scuola romantica francese, scrivendo in seguito *Gli Ugonotti* (1854); la *Diavolina ovvero l'origine di via del Fiore*; un *Balduino di Fiandra* e altre "piecés" che però non avranno lo stesso successo delle sue prime opere. Per tali notizie

di opere sulla storia degli Ugonotti, quella riguardante la Corte di Francia e i personaggi che gravitavano al suo interno. Per comprendere con efficacia quali siano i termini entro cui si muove il dramma di Giotti, varrà la pena riportare per intero la lunga introduzione che è preposta al dramma stesso[6]:

Lo sterminio degli Ugonotti, volgarmente conosciuto col nome di Strage della notte di S. Bartolommeo, fu delitto orribilissimo, tale da gridare vendetta al cospetto di Dio. L'Umanità ne inorridì; la Politica chiamò inutile quel delitto; la quale inutilità costituiva davvero per di il titolo più aggravante della scellerata carneficina. Era stato, come opinano alcuni, da lungo tempo statuita quella strage, e si volle addormentare gli Ugonotti con l'apparenza di una pace bugiarda, per quindi meglio trascinargli nella rete, e consumare il tradimento nefando. È egli vero che la Casa di Valois aveva promesso a Filippo di di Spagna di rallegrarlo

---

cfr. A. MANZI, in *Enciclopedia Italiana* (1933), "ad vocem". Sulla presenza ugonotta nella letteratura mondiale, cfr. ora J. DESEL, *Hugenotten in der Literatur: eine Bibliographie: Hugenotten, Waldenser, Wallonen und ihr Umfeld in Erzählung, Biographie, Hagiographie, Drama, Geschichtsschreibung und Gedicht, Bad Karlshafen*, Bad Karlshafen, Verlag des Deutschen Hugenotten-Vereins, 1996, dove però i testi qui analizzati non sono presenti.

[6] Tutte le citazioni del dramma del Giotti, laddove non altrimenti specificato, provengono dal già mentovato GIOTTI, *Gli Ugonotti* cit., e vedi *supra*, la n. 1.

con la nuova di quello sterminio? È egli vero anzi che il
Tiberio Spagnuolo lo avesse imposto alla Corte ai Francia?
Roma ne era essa al fatto, come varj documenti lo fanno
supporre? Ossivvero la strage degli Ugonotti fu compiuta per
subitanea furia di popolo, nemico ai novatori, perchè in essi
vedeva o credeva scorgere i nemici della Francia, del Trono e
dell'Altare? E ne' furori del popolo francese non soffiavano le
improntitudini ambiziose della Casa di Guisa, che già
minacciosa pareva mettere un piede sul trono dei Valois e
diseredarli per sempre della loro corona? Fra questi varj
pensamenti ondeggiano gli storici, che hanno impreso a
trattare quel funesto periodo di storia, il quale forma subietto
del Dramma che segue. L'Autore di questo componimento
teatrale non ha inteso mettersi per entro alle indagini
storiche, per quindi esporre al lettore il frutto dei suoi studj;
ma valendosi dei diritti concessi all'Arte, egli ha creduto far
prò delle diverse opinioni istoriche, secondo che meglio gli
talentava per l'orditura del suo Dramma. A quell'epoca quale
spettacolo offriva la Francia? Una guerra civile tra Cattolici e
Protestanti da lunga pezza desolava il regno. Da una parte
capitanavano i Guisa; dall'altra la casa di Borbone, poi
destinata dai fati a salire sul trono di San Luigi – Della religione si servivano i potenti per soddisfare le loro ambizioni.
Nel popolo un cieco fanatismo spengeva il vero sentimento
religioso, e abbrutiva, inferociva gli animi, gli trascinava ad
esecrabili eccessi. – In mezzo alle due fazioni contendenti

stava la Casa di Valois, necessitata a guardarsi sì dall'una come dall'altra, e mantenere l'equilibrio, oggi direbbesi il giusto mezzo[7], se voleva reggersi e non cadere. Da suo padre Francesco il giovine Enrico di Guisa aveva ereditato l'odio ai Protestanti e la smania di regno – Caterina dei Medici, madre di Carlo IX, astuta come una volpe, smaniosa ella pure di mestare nella sovranità, aveva indovinato dove mirava il pensiero dei Guisa – Il matrimonio di Lui con Margherita di Valois andò a monte, e la figlia di Caterina entrò nella Casa di Borbone, inanellata dal giovine Enrico su cui posavano in gran parte le speranze dei Protestanti, ossia degli Ugonotti – Conduceva questi il venerabile Ammiraglio Di Coligny, uomo che con vero sentimento del core aveva abbracciata la nuova religione, e che dicono fosse l'uomo più onesto della Francia; il che non toglie peraltro che egli pure molto non fidasse sopra la spada, come quelli che al senso religioso accoppiava gli ardori guerreschi del soldato. Ora quelli che credono al preconcetto dicono che a bella posta furono mandate a monte le nozze di Margherita col Duca di Guisa; e che la reale fanciulla fu maritata al Bearnese solo per illudere i Protestanti, firmare con essi la pace maledetta, e quindi adescarli a venire a Parigi come vittime incoronate di fiori, e serbate al macello. Molti autori Francesi, che propugnano questa opinione, narrano Caterina dei Medici la principale orditrice della trama. Il che essi fanno col solo scopo di gettare

---

[7] Tondo nel testo originale, come anche più avanti.

sopra una testa Italiana tutta l'infamia di quella notte di sangue. Ma sappiano che la Francia intera ne fu responsabile in faccia alla posterità; ne vale che i francesi, che registrano nei loro Annali i Mattutini di Parigi, rampognino noi perchè avemmo i Vespri Siciliani, e le Pasque Veronesi. Nei primi soffiavano brutte passioni e un truce fanatismo; gli altri due eventi proruppero per impeto di oppressi tratti alla disperazione dagli oppressori; la Strage di San Bartolommeo, diciamolo francamente, colpiva la parte più intelligente della Francia, giacché, prescindendo da ogni questione religiosa, l'avvenire militava più nel campo degli scannati che in quello degli scannatori. A ogni modo Dio mi tolga dallo scusare la Medici: anch'essa fu rea, e rea molto, e gran parte del sangue versato ricadde sul capo di codesta donna. Ma Caterina dei Medici, oltre al servire agli interessi della reale Casa dei Valois, serviva anche alla politica dei tempi, secondo la quale era gloria il vincere con l'astuzia e sacrificare alla forza la giustizia e la morale. Sciaguratamente codesta politica continua a mantenersi in credito, e molti giurano in suo nome come in verba magistri! – Ecco quale fu la condotta della Regina Madre; finché vide che i partiti si contrabbilanciavano cercò barcamenarsi fra di essi, ora l'uno, ora l'altro adescando – Quando poi vide che ti partito Cattolico e i Guisa minacciavano soverchiare, e chiedevano sangue, pensò saziarne i furori e mettere nelle loro mani la vittima perchè la scannassero – Ed allora la Strage di S.

Bartolommeo fu compiuta! Carlo IX, dipinto da taluni più truce di Nerone, dagli altri astuto come Tiberio, eppure amante delle muse, poeta e amico di Ronsard, odiava la madre perchè gliene incresceva il gioco. – Ma fatalmente si sentì spinto da lei a precipitare al delitto; e lasciò quasi sotto agli occhi trucidarsi il Coligny, che pure soleva pocanzi chiamare col dolce nome di padre. Il giovine re scontava in breve tempo la rea complicità morendo di orribile morte, e straziato da tremendi rimorsi. La giustizia di Dio si faceva sentire minacciosa, inesorabile! Framezzo al conflitto delle furiose fazioni vi erano in Francia degli uomini di core, che commiseravano la tristizia dei tempi, ed anelavano a giorni meno infelici di tolleranza e di amore. Il Cancelliere dell'Hôpital era la figura più solenne di codesta schiera di generosi; e gloria a lui, perchè ai furenti osava gridar pace, e i Cattolici sollecitava ad aver pietà dei Protestanti e loro diceva: Ricordatevi che sono vostri fratelli e Cristiani. *A codesti uomini solitarj ed incompresi, e spesso vittime, appartengono diversi scrittori che versarono nelle loro opere la fede del core e la magnanimità dell'animo; predicarono la libertà dei popoli, e il progresso dell'Umanità. – Nel presente Dramma, già rappresentato nel 1848 sulle scene del Teatro del Cocomero, trovasi una figura ideale, quella di Gastone di Villars. In questa figura è incarnato quello spirito di tolleranza e di libertà che già cominciava a propagarsi per la Francia. – Il suo cammino è vero fu lento, ma progressivo, e diventò trionfale, quando cadde la Bastiglia, e i Deputati della Nazione formarono il solenne giuramento raccolti dentro la sala del Giuoco del Pallone. – Se il lettore sgradirà il lavoro, usi almeno un poco di pietà pensando di quale idea egli ha fatto simbolo codesto personaggio ideale; e rifletta che fra mezzo alla notte procellosa che spesso ottenebra il cammino dell'umanità, vi è pure sempre una stella che, quasi foco, risplende su di essa – A codesto foco volgano gli sguardi le Nazioni, abbiano la fede nell'avvenire, e da questa fede invigorite proseguano il loro secolare viaggio!*

Nella "Prefazione" al dramma del Giotti sono racchiusi alcuni interessanti dati di fatto, il primo dei quali non è posto, come si potrebbe credere, nel riferimento partigiano alle vicende francesi del periodo messo in scena e neppure nell'accenno al "Giuramento della pallacorda", con il quale si identifica convenzionalmente l'inizio della Rivoluzione del 1789: tutte queste indicazioni sottintendono soltanto la non contestabile adesione del Giotti ai principi di democrazia e di liberalismo avanzato che, in certo qual modo, furono figli della Rivoluzione e anche in parte della Riforma. L'elemento che, semasiologicamente, appare decisamente intrigante è invece il riferimento alla figura ascetica e misericordiosa di Gastone di Villars, una sorta di pacificatore che sembra richiamare altri personaggi curiosamente simili presenti nelle altre vicende drammatiche a tematica ugonotta. Ugo di Roano nella *Strage* del Gattinelli, ma anche – nella *Trilogia* del D'Agnillo – personaggi come il Presidente Birago o il medesimo Guido Colbert trovano la loro consistenza proprio se paragonati a quest'antecedente giottiano. E se diversa appare la collocazione delle vicende (come si è detto, esse ruotano attorno alla corte reale, mentre invece, negli altri due autori, sono ascrivibili alla nobiltà minore), uguali certamente sono le motivazioni che spingono un personaggio di tal fatta all'azione. Alla figura del santificato Villars si contrappongono, su un piano di reciproca distonia, la truce Caterina de' Medici e l'inetto figlio Carlo IX, che, senza tenere in alcun conto le leggi della tolleranza e del perdono cristiano e anche – almeno nell'accezione del Giotti – per bieche e/o abbastanza condivisibili motivazioni personali, danno inizio al terribile pogrom del 24 agosto. Il sistema oppositivo del teatro drammatico dell'Ottocento trova anche qui una riprova, pur se le motivazioni sceniche non si limitano alla contrapposizione frontale tra bene e male (con un impulso anticlericale e libertario abbastanza evidente), ma vedono il tentativo non sempre ben riuscito d'approfondire psicologicamente le matrici ideologiche che muovono i vari personaggi. Si legga, ad esempio, questa tirata con la quale il Villars rimprovera la sua antica amante Maria di essere diventata la concubina del re:

[...]
Maria!...
Ma che dissi, che dissi!... io vel ripeto,
Non vi conosco: voi quella non siete
Che tu l'amica de' miei giorni un tempo.
Quella rammento ancor, ma l'ho perduta
E perduta per sempre. Era una cara,
Una divina creatura, scesa
A far più bello col suo riso il mondo.
Nella bianca sua veste ricoperta
E con la gioja dei celesti in volto
Correa serena sulla via de' fiori,
Ne l'aura della colpa inaridiva
Le caste rosa della sua corona.
Oh! la sua voce era il più puro, e santo
Inno che a Dio volasse! A me vicino
Spesso s'assise; nei miei sguardi i suoi
Sguardi di foco mi fissò sovente,
E un divino suo bacio a me schiudeva
Il paradiso dell'amore in terra.
Uniti allora ne' soavi amplessi,
Che a testimone aveano il verecondo

Addio del sol che muore, o il mesto azzurro
Di una notte stellata, inebriati
Non limiti ponemmo alla celeste
Voluttà dell'amore, e le creammo
Per patria l'universo e per confine
L'Eternità!
[...]
Ah! cosa avete fatto,
Maria, del nostro amore? Ecco in demonio
L'angelo si converse! Oh Dio, la fronte,
[...]
Che di fiori innocenti era precinta,
Di gemme s'incorona: ora la mesta
Amante del solingo giovinetto
La turpe schiava di un monarca è fatta;
E l'accusa la terra, e la deride,
E le getta sul capo il vitupero.
[...]

In quest'occasione, la contrapposta visione dell'amore (non del tutto angelicato, perché nel discorso del Villars si mescolano accenti spiritualistici e immagini cariche di passione sensuale) finisce con l'essere un elemento motivazionale, una causa di scontro che – non troppo sotterraneamente – giustifica anche il susseguente dissidio religioso. Le copie antitetiche, tuttavia, non si limitano a blocchi semantici facilmente riconoscibili e diversificati (l'amore, la religione, etc.), ma coinvolgono anche passioni familiari e filiali in cui non ci si aspetterebbe di trovare altro che un banale legame di solidarietà. Al contrario, si considerino queste accorate parole di Carlo IX in riferimento al giogo pesante che gli imponeva il dover rispettare la volontà della dispotica madre:

[...]
Ella mi tratta ognora
Qual se un fanciullo io fossi, oppure un vispo
Falcon, che anela di lanciarsi in alto,
Ma cui la man del falconier trattiene.
[...]
Oh questo giogo è orrendo; e più non posso
In mia fè tollerarlo! Oh quanto volte
Parmi esser fatto il povero ludibrio
Di due contrari spiriti fatali.
Spesso all'anima mia suona una voce
Onnipossente: a quella voce allora
Il cor s'infiamma: il mio pensiero impenna
Ali di fuoco, e si solleva a volo
Per il ciel della gloria. E quante volte
In mezzo alla campagna allorché al colmo
La festa è della caccia, e che il latrato

Dei veltri e l'urlo delle fiere sveglia
L'eco de monti, trasportar mi sento
Da un'incognita forza; allora io sprono
A tutta foga il corridore ansante
Quasi lo spinga ad una meta arcana.
Io volo rapidissimo per campi
E per fossati, e mi disperdo in mezzo
Al profondo dei boschi: allor dimentico
E della caccia e della Corte io resto
Assorto in un pensiero, e nell'oblio
Quasi di me medesimo; e vorrei,
Oprar vorrei magnanima un'impresa
Che mi cingesse in fronte una corona
Ma una immortal corona, e più lucente
Che quella d'oro, che mi sta sul capo.
[...]

In siffatto contesto, dove è possibile reperire forse una suggestione manzoniana, ad esser descritti sono i sentimenti di ribellione provati da un adolescente nei confronti delle imposizioni dei genitori, e segnatamente della madre, connotati sottolineando come il ragazzo non potesse sottrarsene se non attraverso quella "vacatio mentis" che è qui rappresentata dalla caccia. Tra l'altro, e per ironia della sorte, quella "magnanima impresa" preconizzata da Carlo nella parte finale della sua geremiade consisterà invece in un feroce massacro, uno sterminio premeditato che lo farà ricordare dai posteri in termini di avversione e di disgusto, e non certamente con i colori d'un monarca coraggioso ed assennato quale egli avrebbe voluto essere. Nel passo precedente, è d'uopo sottolineare l'immagine cinegetica, cara anche alla poesia e alla trattatistica dell'Umanesimo e del Rinascimento[8], e che qui – con un

---

[8] La cinegetica è argomento di alcune opere antiche: il *Cinegetico* di Senofonte, quello di Arriano e il poemetto tetrastico di Oppiano di Apamea in Siria dedicato a Caracalla e risalente al III sec. d.C. Gli scrittori latini non si occuparono particolarmente di cinegetica, ma trattazioni più o meno ampie sulla caccia sono negli scritti di agricoltura di Varrone, Catone, Columella. Restano inoltre i 541 esametri del *Cinegetico* di Grattio Falisco e i 325 versi del poemetto sulla caccia di Nemesiano. Nella letteratura nostra si ricorda, ad esempio i cinque canti della *Caccia* di Erasmo di Valvason (1591), opera didascalica in versi che venne composta proprio nel periodo in cui è ambientato il dramma del Giotti. Per uno sguardo sulla tematica nel campo letterario italiano, cfr. comunque (ma senza approfondire la tematica in ambito successivo) G. BARBERI SQUAROTTI, *Selvaggia dilettanza. La caccia nella letteratura italiana dalle origini a Marino*, Padova, Marsilio, 2000, con bibliografia. Per un ipotesi più diretta, comunque e come già detto, si confronti anche, dall'*Adelchi*, questo notissimo escerto tratto dal celeberrimo "Coro" dell'atto IV: "[...] Ebbra spirò le vivide/ Aure del Franco lido,/ E tra le nuore Saliche/ Invidiata uscì:/ Quando da un poggio aereo,/ Il biondo crin gemmata,/ Vedea nel pian discorrere/ La caccia affaccendata,/ E sulle sciolte redini/ Chino il chiomato sir;/ E dietro a lui la furia/ De' corridor fumanti;/ E lo sbandarsi, e il rapido/ Redir de' veltri ansanti;/ E dai

tono che diremmo ovidiano – viene messa in piedi anche per strutturare una sorta di "remedium amoris" a fronte dell'eccessiva invadenza della reggente Caterina. Altrove, l'anelito democratico e progressista sempre presente nel Giotti gli farà dire queste infiammate parole:

[...]
Misteriosa una forza agita e scuote
Nelle viscere sue tutta l'Europa.
Qualche cosa di grande e di fatale
Si cela in questo arcano movimento
E nel cozzarsi delle spade ostili.
Quasi direste che dal Caos informe
Un nuovo mondo è a balenar vicino.
E che da un luogo sonno alfin riscossa
L'Umanità si svegli, e senta il Nume,
Che arcanamente le si ascende in grembo
Come il Signore nel roveto ardente.
Alla crudele tirannia d'Egitto
Israel si sottrae: cerca la terra
Di promissione, e guarda se gli splende
La colonna di foco in sulla testa.
Là condurlo dovranno ì coronati.

---

tentati triboli/ L'irto cinghiale uscir;/ E la battuta polvere/ Riga di sangue, colto/ Dal regio stral [...]".

[...]

Questa visione messianica è contrapposta, in nome di un'alfieriana lotta contro le tirannidi, all'oscurantismo delle monarchie più assolute, soprattutto con l'esecrazione del dominio spagnolo sui Paesi Bassi:

[...]
Un duca d'Alba colà regna in nome
Di Filippo di Spagna. Ahi che diss'io
«Vi regna» no; v'esercita i nefandi
Offizi del carnefice; il suo trono
Sta fra i roghi e i patiboli; incatena
La libertà della coscienza, e serva
Fa la ragione; negli oppressi offende
Atrocemente Iddio: poi vuol che muti
Rimangano gli schiavi, e a prezzo d'oro
E di sangue essi nutrano i tiranni,
Che fan vuote le case, e senza gioja
L'esistenza di un popolo. L'infame,
Tirannia della Spagna è il vitupero
Della Natura, e quella spada è santa
Che in cor saprà versarle eternamente
Il gelo della morte.
[...]

La dimensione oppositiva "tirannia vs. libertà"
non investe soltanto la coscienza e l'onore dei popoli,
ma viene vista anche in un'ottica economica e
antireligiosa, laddove per religione non s'intende certo
la venerazione di qualche ideale teistico, bensì l'uso
politico che della religione medesima vien fatto da
organismi totalitari quali, appunto, l'Inquisizione
spagnola. Il rigurgito antispagnolo è presente anche in
altri "loci" del dramma, soprattutto quando prende la
parola un altro tragico protagonista delle vicende
dell'epoca, quel Gaspard de Coligny che troverà atroce
morte proprio nella Notte di San Bartolomeo:

[...]
in ogni lido
Freme l'odio alla Spagna ed ogni gente
Struggere anela il mostro, che di sangue
Uman sempre si pasce e di mistero.
E che la fronte tra le nubi asconde
E nell'abisso il piè. Tra i suoi confini
Vinto, avvilito il ricacciam per sempre.
E non più dica nell'orgoglio immesso:
«Mai non tramonta nei miei regni il Sole»:
[...]
Rinfrancati, rinfrancati, o assopita
Virtù dei vecchio! Ancor fremer ti sento

Fra i miei bianchi capelli, o sacra ardente,
Aura dei campi! È là sulle pianure,
Fra il pugnar delle schiere, e l'incessante
Urtarsi dei vessilli, e il fragorio
Dei bronzi, delle trombe, e dei cavalli
Che si sente la vita, e che al guerriero
È divina la morte!
[...]

Dietro questa Spagna di facciata si nasconde, ovviamente, l'Austria. Quel "mostro, che di sangue/ Uman sempre si pasce e di mistero./ E che la fronte tra le nubi asconde/ E nell'abisso il piè", più che un'immagine da inferno dantesco, pare tratta da insospettabili fonti comiche[9] e sembra riecheggiare la figura dell'aquila a due teste, simbolo araldico proprio della monarchia asburgica. Il Giotti abbellisce la sua apostrofe antiaustriaca con un'immagine guerresca che

---

[9] "[...] Perchè Kouli-Kan è un mostro, che si pasce di sangue umano [...]" (e cfr. la farsa – ambientata nella Persia di Tamerlano – del commediografo napoletano Francesco Cerlone *A cader va chi troppo in alto sale, o sia Il Kouli-kan. Tragicommedia*, in *Commedie di Francesco Cerlone Napolitano. Tomo XIII* etc. Napoli. Nella Stamperia sita Rampe S. Marcellino Num. 3. Francesco Masi Direttore. 1827, p. 259). Sul Cerlone, autore partenopeo vissuto nel Settecento, cfr. S. GIOVANARDI, in *Dizionario Biografico degli Italiani*, vol. 23 (1979), "ad vocem", con bibliografia.

sembra tratta di pari passo da un ode manzoniana (e si vedano vagamente *Il 5 maggio* o il già citato *Adelchi*) e che offre una coloritura in certo qual modo civile alle parole del Coligny, confermandone l'ascendenza risorgimentale. L'afflato patriottico, peraltro, è reperibile sparsamente in altre parti del dramma. Ecco, ad esempio, un'orazione fatta recitare ad un fanatico di parte cristiana:

[...]
Spirito mio,
Che contristato gemi, esulta alfine;
L'ora è vicina che dei tuoi nemici
Sia dispersa la razza. O Re del cielo,
Dammi, siccome a tuoi profeti un giorno,
Terribile, potente una parola.
Del tuo furore, che rovescia i mondi,
E spenge i soli, e fa ulular gli abissi,
Empi il core dell'uomo, e sia la terra
Da un lavacro di sangue alfin redenta.
Risorge ormai la tua giustizia; e quivi
Sia pur che segga il tribunal tremendo,
Ove il pensiero si punisce: avvinta
Quivi schiava condurrem sul rogo
La superba ragione, e spengeremo
Nel cor dell'uomo quell'istinto audace

Che libertà si chiama, e che vorrebbe
Perfin nei cieli inabissarsi. Un trono
Quivi nel chiostro inalzerem che sorge
Maggior di tutti, e innanzi a cui la terra
Adorando si curva: i Gedeoni
Della Fede siam noi: teniam nel pugno
I popoli ed i re!
[...]

L'invocazione qui elevata, lungi dall'essere soltanto una preghiera religiosa (per quanto assai discutibile nelle sue conseguenze genocide e anti–libertarie) mette in scena un concetto che, lungi dall'essere legato alla sua fonte più ovvia, cioè il sacrificio del Cristo, trova la sua ragion d'essere in quella letteratura omiliaristica nella quale le eresie erano viste come una malattia mortale[10]: "[...] gli antichi re dell'Egitto, a guarir della lebbra, frequentissima in que' paesi, haveano pronto un rimedio ferale a i Popoli, che era un ampio lavacro di sangue umano [...]". L'eresia ugonotta, dunque, è una specie di lebbra, che

---

[10] Cfr., per una comparazione, *Il Cristiano Instruito nella sua Legge. ragionamenti Morali di Paolo Segneri Della Compagnia di Giesù. Parte Terza.* In Venezia, MDCLXXXVII. Presso Paolo Baglioni, p. 228. In seguito, il Segneri cita a contrasto proprio l'effusione del santo sangue di Gesù. Si tenga però presente che l'immagine, celeberrima, e diffusissima nella letteratura specifica.

bisogna curare con il sangue. "Mondate gl'Eretici dalla lebbra della loro eresia"[11], dirà infatti un altro gesuita, quel Lodovico da Ponte che, da perfetto controriformista, avrebbe scritto la sue *Meditazioni* proprio nell'idioma castigliano che per i personaggi del Giotti era il simbolo dell'oppressione più dura. Appare evidente, in ogni caso, che il tenore esagerato della prece intonata dal personaggio giottiano serve ad ottenere l'opposto risultato di infiammare gli eventuali spettatori del dramma contro la dominazione di quei regimi venuti fuori dopo la Restaurazione e che avevano fatto della repressione del patriottismo italiano la loro bandiera. Si diceva del gesuitismo: non a caso le teorie descritte dal Giotti sono d'ascendenza gesuita e rientrano in quello che il Motta ritiene essere[12]

un punto di svolta nella percezione dell'eresia — e dunque dell'eretico quale "nemico" — da parte della Chiesa romana,

---

[11] Cfr. *Meditazioni del P. Lodovico da Ponte Della Compagnia di Giesù. Parte Terza etc. tradotte dalla lingua castigliana nella Toscana dal Sig. Giulio Cesare Braccini.* In Roma. Appresso Bartolomeo Zanetti. 1620, p. 292. Il Da Ponte è un noto gesuita – scrittore di cose ascetiche – vissuto a cavallo tra il sedicesimo e il diciassettesimo secolo.

[12] Cfr. F. MOTTA, "La voce dell'errore. Teologia e controversia di fede nell'età del conflitto religioso europeo", in *Storicamente. Rivista on-line del Dipartimento di Discipline Storiche dell'Università degli Studi di Bologna*, 1, 2005, *passim*.

un "*saltus*" *che si può collocare nella seconda metà del XVI secolo, in coincidenza con la fase culminante dello slancio egemonico della Controriforma. È, questo, il momento storico nel quale la cattolicità si trova costretta a inserire l'esistenza dell'eretico nell'orizzonte del plausibile: a considerare l'eresia, cioè, come un'oggettiva variabile del reale anziché come una semplice epifania del male metafisico sul piano della storia della salvezza.*

In tale distorta prospettiva (distorta, se – come vedremo – ad un altro gesuita un diverso autore darà connotazioni del tutto positive) possono essere lette le successive affermazioni, sempre dello stesso personaggio, secondo cui agli eretici ugonotti deve essere applicata una ben precisa quarantena sociale:

[...]
Oh guai per quegli
Che un senso solo di pietade accoglie
Per i nemici della Fede: è sciolto
Per loro ogni legame: è rea la mano
Che porge ad essi un pane, e ne conforta
L'arido labbro di pietosa stilla.
Errino vagabondi in sulla terra
Questi figli di Satana, pasciuti
Di peccato ed orgoglio! È maledetta

L'aura dove respirano, la casa
Che gli racchiude; e inaridisce il fiore.
[...]

Siamo di fronte ad un'invettiva, dal sapore biblicamente profetico, che serve al Giotti per suggerire al lettore una visione del problema eminentemente anticattolica, ma in un modo talmente sostenuto da farla risultare indigesta anche al più incallito dei laicisti. Sempre seguendo tali binari, il Giotti, forse anche per una malintesa sottolineatura dei poteri coercitivi che le torture dell'Inquisizione – anche a livello psicologico – potevano avere, giunge a permettere la conversione finale del già ugonotto genitore di Gastone di Villars, con toni che ricordano l'Innominato manzoniano:

[...]
Sì, nella polve io son... quivi rimango
Senza levar la fronte: e se fia d'uopo,
Con il bordon di pellegrino, e scalzo
Andrò solo e lontano a sciorre un voto
Là dove voi m'additerete, o padre.
E fia lieve il cammino a questo vecchio
Che già la morte inesorabil chiama
Al tribunal di Dio; ma ch'io non debba
Salirvi con la mia fronte segnata

Dall'anatema... che al mio letto accanto
Lo Spirto delle tenebre non venga
A contristarmi!... Oh ditemi, poss'io
Sperar perdon?... Sia questo capo antico
Da un cerchio ardente circondato: il mio
Corpo si ponga alla tortura infame,
Ma cacciato non sia dal venerando
Consorzio dei credenti, e me la Chiesa,
Sempre pietosa, nel suo grembo accolga!
Oh perdono, pietà...
[...]

La finale vittoria del padre Bruno non è, quindi, un trionfo della fede, ritrovata dopo un travagliato cammino di dubbi e di speranze, ma l'imposizione di un clero combattente che recupera, in senso controriformista, quel "compelle intrare" che già Le Goff indicava come la direttiva fondamentale della chiesa medioevale. Contro questi metodi sbrigativi e impositivi, il Giotti fa sollevare appunto la voce di Gastone (in realtà la sua), in una virulenta allocuzione contro il fanatismo e contro ogni violenza perpetrata dagli ambienti ecclesiastici:

[....]
E ancor non hai

Disertata la terra, abbominando
Mostro del fanatismo? E fino a quando
In nome di quel Dio, che dalla Croce
Perdonava spirando a' suoi nemici,
E fino a quando inalzerai sull'are
Lo stendardo crudel della discordia?
Perché dai templi profanati il canto
Della guerra tu intuoni, e vai gridando :
O fratelli uccidetevi tra voi;
Del vostro sangue ho sete?
[...]
Oh qual discende
Sopra l'anima mia celeste un suono.
È l'armonia degli organi devoti,
Che un dì la mia credente fanciullezza
Empiea di pace religiosa e mesta...
Ma il fior divino inaridito adesso
È nel mio core, e questo suon non scende
Più compreso sull'anima!...
[...]

Lo scrittore milanese non si rivolge qui agli eventi passati, mera "facies hippocratica", ma a un presente in cui il clericalismo cattolico era vissuto come il principale ostacolo all'Unità e doveva essere screditato in tutte quelle caratteristiche – evidentemente ereditate dal passato – che agli occhi del nascente nazionalismo italico dovevano essere messe all'indice come preminenti rispetto al messaggio evangelico quale la chiesa avrebbe dovuto originariamente rappresentare.

Sempre nel solito ambito di contrapposizione, il Giotti rievoca con parole accorate la vera conversione, quella della giovane ex fidanzata di Gastone che, ipnotizzata dalle fantasmagorie della corte parigina, aveva ceduto ai malsani voleri di Caterina e di Carlo:

[...]
Io me, Gastone,
Più non vedete adesso una beata
Pellegrina del mondo, a cui fur gioia
Le pompe di una corte, i lieti balli,
E le dame festose, i canti, il riso
E l'amor di un monarca. Affascinata
Da satanico sogno io folleggiava
Sull'orlo di un abisso: adesso io getto
Via dalla fronte la corona infame;
La notte del delirio è dissipata:
Oh per pietade uditemi una volta.
Orfana e sola al mondo era rimasta
Senza una mano, che guidar potesse
Sul cammin della vita l'inesperta
Mia giovinezza. Mi sorrise innanzi

Nel seduttor suo fascino la terra,
E fui la schiava delle sue lusinghe.
L'orgoglio mi acciecò: venni alla Corte,
Mi protesse la Medici: adulata
Da vili labbra, alle parole infide
Stoltamente sorrisi; ognun mi disse:
Bevi al nappo del gaudio, e ti rallegra
Povera figlia di Eva: io fui rapita
Come da una vertigine in un cerchio
Luminoso, fatale! Un solo accento
Dal vostro labbro uscito, a me scoperse
L'orror del vero, e misurai l'abisso.
Urlando indietreggiai; allora io piansi.
[...]

Il sincero pentimento di Maria, palesemente manzoniano ed ermengardiano, è funzionale al martirio di Gastone, come quello del padre era connesso alle mene e alle pressioni dell'Inquisizione, in un chiasmo semantico dove i bracci sono rappresentati, come sempre accade in questo tipo di drammi, dal bene e dal male.

Il Giotti, con una certa finezza formale, utilizza le solite opposizioni di contenuto anche per intersecarle tra di loro, facendole coagulare in un conglomerato iterativo il cui unico motivo conduttore sembra essere il concetto di doppiezza:

[...]
O fidi amanti, un altro istante ancora
Nuotate in grembo dell'infida ebrezza,
Finché dal sogno a risvegliar vi venga
Una squilla di morte... Al mio pensiero
Servite entrambi! Se del figlio incerto
Ondeggiasse io spirto, e fosse vile
Nel gran momento, rinnovargli io posso
Le sue furie gelose. Egli soltanto
In Gaston di Villars vede un rivale,
Io l'Ugonotto!... Del convegno arcano
È questo il loco: la terribil fiamma
Quivi del sacro popolar furore
S'accenderà! Sorgete ormai, sorgete,
Uomini della Francia; e fra di voi
Combatta alcuno per tentar la via
Di un vietato potere; altri combatta
Per la fede dei padri; in mano mia
Or voi non siete, che stromenti vili
Di un mio pensiero! Ed io tutti vi tengo
In questa destra, che con fermo pugno
Stringe gli eventi!
[...]

Nel passo precedente, l'intrigante Caterina utilizza ben cinque opposizioni:

1) quella sentimentale (Gastone vs. Carlo);
2) quella coraggio/viltà, tutta giocata all'interno dell'animo del figlio Carlo;
3) il contrasto religioso tra Ugonotti e cattolici a sua volta strutturato come
4) dissidio interiore, nelle stesse file clericali, tra amor di patria e/o fede avita;
5) infine, la medesima contesa per il potere intercorrente tra la casata dei Valois e quella dei Guisa.

Il mosaico creatosi nelle parole di Caterina de' Medici è allegorico; esso infatti simboleggia proprio l'ambiguità e l'ipocrisia di un periodo in cui la dissimulazione e la menzogna politica erano all'ordine del giorno. La feroce protervia della regina è accompagnata, quasi come integrativa "pars destruens", dalle parole dell'inquisitore Bruno:

[...]
Della notte omai
L'ombra scende nei chiostri ed io, siccome
Lo spirito di Dio, qui mi ravvolgo
Di tenebre, e mistero! Ecco quest'ora

Che bramo a un tempo e che pavento! l'ora
Che per le cupe volte io fremer sento
Qual d'anime vaganti un ululato
E in turbinosa danza a me d'intorno
Raggirarsi piangendo! E che chiedete
Spettri, da me?... che mi parlate adesso
Voi di scuri e patiboli!... quand'io
V'ho dall'Ispano tribunal percossi,
Vendicava l'Eterno! Oh s'io potessi
Sul maggior trono ascender della terra,
E Pontefice starmi ove col guardo
L'Universo si mira e si sovviene,
Farei dell'uomo un genuflesso schiavo,
Cadavere che vive e che non pensa!
[…]

La coscienza di padre Bruno è tormentata dai fantasmi che egli ha sacrificato sull'altare del dispotismo, tanto ecclesiastico quanto regale, a creare un'atmosfera gotica tipica del melodramma e dei romanzi popolari, ma senza infingimenti, senza paure residue. Bruno è un personaggio tutto d'un pezzo, tetragono ad ogni cosa che non riguardi la difesa granitica della religione cattolica, e quindi incapace di qualsivoglia comprensione umana nei confronti degli avversari/nemici, i quali devono perciò essere stroncati senza alcuna pietà. Ed è proprio quest'ultima che manca nei cattolici giottiani, i quali sono solidali soltanto tra loro stessi, rifiutando quegli ideali di pace e di fratellanza e uguaglianza universale che erano stati predicati in Europa a partire dal 1789. Sicché appare assolutamente comprensibile l'ultima contrapposizione, quella di un Gastone che si offre al martirio con piena consapevolezza, come un santo paleocristiano, quasi che Giotti individuasse proprio nel cristianesimo delle origini l'unico tempo in cui la fede incorrotta poteva avere qualche senso:

[...]
A me si schiude innanzi
Un torrente di luce, ed io m'immergo
In questo nembo luminoso e santo
Lordo dei sangue che versai cantando
L'inno della mia fede. A me che importa
Morir? La morte ai generosi è gloria;
La morte a chi senza terror l'incontra
È l'Angelo di Dio che al desolato
Spirto dischiude il limitar raggiante
Della serena Eternità. Vorreste
Che alla schiera feroce ed implicata
Mi accomunassi di color che in breve
Gronderan sangue in tutta la persona?

Vorreste voi che l'ombre addolorate
Dei miei fratelli inanzi a me sorgessero
A chiamarmi spergiuro. Il Nume mio,
Il nume mio non è quel che vi spinge
A orrendi eccessi e che vi grida: All'ombre
Uccidete del trono e dell'altare;
Santa è la strage e voi sull'are mie
Benedite il pugnal. Fiamma d'amore
È il mio Nume; il suo Verbo è Libertade
Che il primo altare ha degli umani il petto,
Onde poi come sol splendidamente
Sopra la terra si diffonde e regna.
La casta povertà dell'Evangelo
Il mio Nome proclama: ed io l'adoro
Con libera preghiera: io lo confesso
Ed io lo benedico in questo istante
Terribile, supremo!
[...]

"Fiamma d'amore/ è il mio nume": non dunque le mene dei politici, e neppure il desiderio di prevalere da un punto di vista meramente economico. Con un riflesso molto risorgimentale, Gastone stigmatizza quell'alleanza tra il trono e l'altare, indirettamente vituperando l'ideologia di cattolici reazionari come il De Maistre, che proprio nell'indissolubile legame tra i due soggetti politici ponevano la messa in sicurezza della società d'un "ancien régime" eternamente riproposto[13]. Il Giotti, insomma, non è un moderato e la sua "Welthanschauung" non avrebbe certamente riscosso l'approvazione del Cavour, ma tant'è: l'oblio che ha ricoperto il dramma giottiano è riferibile solo ad un cambiamento di prospettiva storica e letteraria e non certo agli ideali che in quell'opera lo scrittore lombardo aveva tentato di rappresentare.

2.2. LA *TRILOGIA DRAMMATICA* DI G.N. D'AGNILLO

In sede di premessa, va rilevato come la *Trilogia* dagnilliana – nello specifico – non sia stata oggetto di valide indagini critiche negli anni precedenti[14]. Oggi

---

[13] Su tutti questi problemi e sul rapporto tra letteratura e politica nel periodo precedente l'Unità d'Italia, cfr. L. MARINO, *La filosofia della Restaurazione*, Torino, Loescher, 1978; N. MINEO – A. MARINARI, *Da Foscolo all'età della Restaurazione*, Roma-Bari, Laterza, 1981; L. DERLA, *Letteratura e politica tra la Restaurazione e l'Unità*, Milano, Vita e Pensiero, 1977.

[14] Per una bibliografia ragionata di e sul D'Agnillo, cfr. F. MEO, *Un letterato agnonese dell'Ottocento: Giuseppe Nicola D'Agnillo*. Rel. prof. Giorgio Patrizi, Università degli studi del Molise. Facoltà di scienze umane e sociali. Corso di laurea in lettere. Anno Accademico 2011-2012, pp. 67 – 68. A tale fonte (custodita presso la Biblioteca "Labanca" di Agnone) si rimanda anche per la trama specifica dei tre drammi. Ad essa almeno si aggiungano: F. D'OVIDIO, *Rimpianti*, Milano – Palermo – Napoli, Sandron, 1903, p. 207; e B. CROCE, "La vita letteraria a Napoli dal 1860 al 1900", in *La critica*, 7 (1909), p. 416. Un breve

esiste uno studio complessivo che ne tratta[15], certo, ma non sarà errato ripercorre i motivi per cui il D'Agnillo venne condannato ad una tacita "damnatio memoriae". Ad un suo recupero, infatti, ostavano sia la collateralità dell'autore, sia una certa ripugnanza ad occuparsi di un testo che, pur edito nel 1897 soprattutto come atto d'omaggio postumo, rivestiva tutte le sembianze d'un opera primo–ottocentesca, o almeno composta in epoche notevolmente antecedenti la sua effettiva pubblicazione in volume. Essa rientra nella vasta congerie di quelli che vennero definiti, con un assunto puntuale ma talvolta impreciso, drammi storici, e che ebbero notevole successo proprio sulle scene italiane almeno fino al 1870. Si può ben dire che il D'Agnillo,

---

rimando, assai impreciso e tendente a sottolineare una presunta napoletanità del D'Agnillo "ormai dimenticato", in A. DE GUBERNATIS, *Storia del Teatro Drammatico*, Milano, Hoepli, 1883, p. 402. Un accenno al D'Agnillo viene fatto I. PIAZZONI, *Spettacolo, istituzioni e società nell'Italia Postunitaria (1860 – 1882)*, Roma, Archivio Guido Izzi, 2001, p. 47, n. 100, dove – a titolo esplicativo e citando un articolo del *Mondo Artistico* datato 28 gennaio 1872 – si accenna al fatto che la Griselda e la Duchessa di Bracciano "trassero al fanatismo i napoletani, ma caddero a Firenze" (lasciando pensare che fosse proprio questo uno tra i motivi per cui il D'Agnillo consentì la stampa della Trilogia ma solo a fini non recitativi).

[15] Cfr. G. PANNUNZIO, *"Bellezza e orror, caosse ed armonia". Religiosità e melodramma nella Trilogia Drammatica di Giuseppe Nicola D'Agnillo*, Raleigh (NC), Lulu Press, 2014.

pur forse non essendone consapevole, s'inserì in quella che lo Hettner, nel saggio *Das modern Drama* del 1852, chiama "ewige Menschennatur" e che doveva insistere – citando il D'Amico – "sulla corrispondenza dei comportamenti umani attraverso i secoli; su tali basi vedeva l'ideale dramma storico come tragedia psicologica e di carattere, in cui gli spettatori 'moderni' potessero vedere riflesso il loro mondo [...]"[16]. In una prospettiva del genere, non sarà fuor di luogo considerare che l'erudizione del D'Agnillo non è mai libresca (quando invece la vena di altri autori drammatici dello stesso periodo lo era sicuramente), pur nell'inevitabilità di qualche eccessiva estrinsecazione retorica, che emerge soprattutto quando si tratta di dare sostanza a quell'anelito libertario che – palesemente o meno – trova la sua massima espressione nel teatro tragico del Risorgimento. Ma chi era, in realtà,

---

[16] Lo stesso D'Amico sottolinea come lo Hettner postulasse "da un lato, l'assoluta necessità di scegliere un periodo storico di interesse per il mondo contemporaneo, pena la nascita di un prodotto 'morto', e dall'altro, l'obbligo di rispettare le regole sociali e culturali del periodo rappresentato. La riuscita dell'opera si misurava quindi nella capacità da parte dell'autore di armonizzare queste esigenze [...]". Ma cfr. G. D'AMICO, "Bjørnstjerne Bjørnson e il dramma storico – un rapporto complesso", in AA.Vv., *L'uso della storia nelle letterature nordiche. Le lingue nordiche tra storia e attualità*, cur. M. CIARAVOLO – A. MEREGALLI, Milano, Istituto Editoriale Universitario Cisalpino, 2011, pp. 69 – 88, in parte, per la citazione, pp. 70 – 71.

il D'Agnillo?

Giuseppe Nicola D'Agnillo nacque ad Agnone l'11 Dicembre 1827, da una famiglia di condizioni economiche modeste. Questa condizione sociale, come accadeva allora nelle famiglie povere che volessero comunque dare una base culturale ed economica ai propri figli, spinsero il D'Agnillo ad entrare nel sacerdozio secolare, conseguendo l'ordinazione nel 1851. All'inizio Giuseppe Nicola fu sacerdote esemplare, ma nel 1860 tornò allo stato laicale, a causa di una contraddittoria crisi di coscienza, maturata anche per il contatto che egli – in gioventù – aveva avuto con gli ambienti del liberalismo napoletano. Tornato alla vita laica, pur non tralasciando una superficiale osservanza alle pratiche del culto, fu sostanzialmente anticlericale, come dimostrano anche le pungenti osservazioni contenute nella lirica "Al mio sigaro" (una delle pochissime creazioni che il D'Agnillo volle dare alle stampe)[17]. Dall'insegnamento privato, che aveva portato avanti nei primi anni dopo l'aver gettato alle ortiche l'abito talare, passò a quello ufficiale, tanto che nel 1861 venne chiamato come Professore Ordinario

---

[17] La lirica "Al mio sigaro" venne primieramente stampata in *Il Vesuvio. Strenna pel 1869 Pubblicata a Pro de' Danneggiati dall'Eruzione*. Napoli. Tipografia della Vedova Migliaccio. 21. Vico Donnaromita (largo Nilo). 1869, pp. 81 ss.gg. In seguito, vedi IBID., *Al mio sigaro*, Agnone, Tipografia Editrice Sannitica, 1901.

prima presso il Liceo della città dell'Aquila, poi presso quello di Pavia. I continui trasferimenti, tuttavia, finirono con il provocare in lui una profonda crisi, che lo portò a ritirarsi nella nativa Agnone in uno stato di forte prostrazione psicologica. Dopo aver vissuto gli ultimi anni in totale solitudine (ma arrivando finalmente a stampare – nel 1897 – una delle cinque *Trilogie* da lui scritte), il D'Agnillo morì nel suo paese natale il 1 Gennaio 1916[18]. Come si vede, siamo di fronte a una figura di letterato che non ebbe fama di poligrafo (pur editando e scrivendo anche poesie), ma che mosse i suoi passi quasi esclusivamente in ambito drammaturgico, con una costanza d'ispirazione che non era sempre presente in altri intellettuali del suo tempo. Quest'elemento di rarità fa sì che ancor oggi la figura del D'Agnillo sia degna di qualche attenzione critica, soprattutto per quel che concerne la sua unica opera scenica pubblicata, quella *Trilogia* che apparteneva a quel genere drammatico che pure aveva riscosso qualche successo nei decenni precedenti.

Cominceremo dunque con il dire che la *Trilogia* venne pubblicata nel 1897 dalla stamperia Pierro e Veraldi di Napoli[19], già nota per aver editato le opere

---

[18] Queste notizie sono tutte variamente reperibili in MEO, *Un letterato* cit., *passim*.

[19] Su tale stamperia e su Luigi Pierro, celebre figura di "self made

del Bozzini[20] e la rivista "Masto Raffaele" diretta da Matilde Serao[21]. Il testo riecheggia, nella titolatura, un modello esemplificativo già utilizzato dal D'Agnillo medesimo, presentandosi però come unica pubblicazione nota che abbia tale appellativo[22]. Essa si compone di tre drammi distinti, l'*Edmondo di Balme o Il*

---

man" e dai contorni quasi leggendari, cfr. ora V. TROMBETTA, *L'editoria napoletana nell'Ottocento. Produzione circolazione consumo*, Milano, FrancoAngeli, 2013², pp. 225 – 226.

[20] Umberto Bozzini, avvocato, poeta e drammaturgo foggiano attivo nella seconda metà dell'Ottocento, , ebbe effimera fama a partire dal 23 ottobre 1909, quando – al teatro Valle di Roma, messa in scena dalla compagnia Vitaliani – si tenne la rappresentazione della tragedia in quattro atti *Fedra*. L'opera, che riscosse grandissimo successo sin dalla prima rappresentazione, venne definita "perfetta" da Ferdinando Martini, secondo il quale in essa segni della sua arte si evidenziavano meglio che nell'omonimo lavoro dannunziano. Tra le altre opere del Bozzini, si citano *Manfredi, Il Cuore di Rosaura, Ritmo Antico, Georgica,* tutte rappresentate dalle più celebri compagnie di teatro del tempo. Su di lui vedi la bibliografia contenuta in G. PANNUNZIO, *Il liuto ed il silenzio. La parabola discendente di Antonio della Porta*, Raleigh (NC), Lulu Press, 2014, p. 116, n. 172.

[21] Cfr. D. TROTTA, *La via della penna e dell'ago. Matilde Serao tra giornalismo e letteratura*, Napoli, Liguori, 2008, p. 131.

[22] Cfr. MEO, *Un letterato* cit, pp. 32 ss.gg. Intenzione del D'Agnillo, come recita l'articolo dell'*Eco del Sannio* contenente l'elenco delle sue opere, era quella di pubblicare un "poema drammatico in cinque trilogie", intitolato Cattolici e ugonotti – tradizione e pensiero". La *Trilogia drammatica* è l'unico parto dagnilliano che poi sarebbe stato dato alle stampe.

Barone, *Claudio Vannini o L'Artista* e, infine, *La Setta dei Rei o La Giustizia di Dio*, tutti ambientati nella Francia ugonotta della seconda metà del secolo sedicesimo. La trama dei tre drammi presenta, pur nella loro suddivisione, tratti intrinsecamente unitari. Essa ruota attorno alle mene dell'ugonotto Edmondo, barone di Balme, per conquistarsi una posizione di potere nella Francia di Carlo IX e di Caterina de' Medici. Al Balme fanno da contraltare il pittore Vannini, cui egli commissiona un dipinto a tematica biblica, il dottor Diodati (che verrà falsamente accusato e costretto a fuggire per un delitto politico da lui non commesso), e il giovane Elio Tuano, il vindice figlio di un supremo magistrato francese fatto uccidere proprio da Edmondo. Le vicende relative a questi tre personaggi, variamente intrecciate tra loro, trovano la loro naturale conclusione nel suicidio messo in atto dal colpevole barone per evitare il capestro. In tale ampia cornice, si dipanano anche le vicissitudini amorose di alcuni personaggi femminili, come Alda, giovanissima erede del Diodati e poi sfortunata sposa di Vannini; o come Irene, già figlia illegittima della nobildonna Ludovica d'Armental adottata dal barone; o come infine Lady Roda Brighton, moglie ripudiata dal sire di Balme e in seguito sua acerrima nemica. Attorno aalla chiostra dei personaggi principali ruotano altre figure minori, come l'artista

Fazio Ratin (alias Nisiero Argol), segretario del barone, invidioso del rivale Vannini e spinto da barone medesimo ad uccidere il padre di Elio; o il tirapiedi Darval, una sorta di Griso manzoniano che serve da esecutore in alcune delle azioni più torbide poste in essere dal Balme.

La congiunzione eccettuativa presente in ogni titolo sembra richiamare analoghe operazioni sceniche riscontrabili nell'epoca immediatamente precedente e ricollega le tre opere scritte dall'agnonese al contesto del cosiddetto "dramma storico" di mazziniana e risorgimentale ascendenza[23]. L'ambientazione protestante, al di là delle ovvie considerazioni sul fatto che il D'Agnillo buttò alle ortiche l'abito talare, può trovare qualche riferimento esegetico in quella numerosa congerie di "preti liberali" che avevano popolato il nostro Risorgimento in epoca precedente (basterà citare il caso di due esuli, l'abruzzese Camillo

---

[23] Sul valore del dramma storico nel pensiero mazziniano, cfr. soprattutto le riflessioni contenute in G. MAZZINI, *Del dramma storico* [1830], Modigliana, Ami Books, 2005 (tale testo, a cura dell'Associazione Mazziniana, riproduce integralmente l'originale contenuto nell'edizione nazionale, e cfr. *Scritti editi e inediti*, vol. I, Imola, Galeati, 1906, pp. 253 – 329). Sulle concezioni espresse dal Mazzini nell'operetta citata, cfr. ora L. MASCILLI MIGLIORINI, *Il mito dell'eroe: Italia e Francia nell'eta della Restaurazione*, Napoli, Guida, 2003, pp. 164 ss.gg.

Mapei e il bresciano Giovan Battista Passerini, per averne una minima idea[24]). Costoro, dopo aver preso gli ordini sacri in gioventù, avevano aderito alle correnti unitarie, abbandonando per tale motivo il sacerdozio e abbracciando in diverso modo la religione protestante. Sicché la sottile vena anticlericale variamente rintracciabile nei tre testi trova una sua facile spiegazione in un tardivo anelito laicista che vedeva nel cattolicesimo predicato dalla Chiesa un ostacolo civile e morale all'unificazione italiana. La triplice opera del D'Agnillo, s'è detto, è ambientata in epoca ugonotta, come – a quanto pare – lo erano anche in buona parte i drammi sparsi e quelli delle trilogie a noi non giunte.

Anche nel caso del D'Agnillo, le vicende ugonotte costituiscono la base del tessuto narrativo, così come esse erano perfettamente collocate in ogni testo di divulgazione storica che in epoca ottocentesca affrontasse la spinosa questione[25], tuttavia la base

---

[24] Sull'argomento cfr. G. PANNUNZIO, "Un caso di *damnatio memoriae*: Camillo Mapei e la letteratura dell'emigrazione italiana nel primo '800", in *Studi Medievali e Moderni*, 2 (1999), pp. 53 – 75; e IBID., *Noterelle di letteratura siciliana*, Empoli, Ibiskos, 2013, pp. 139 ss.gg., n. 124, con bibliografia.

[25] Cfr. *Dell'istoria delle guerre civili di Francia di Enrico Caterino Davila*, 6 voll., Milano, dalla Societa Tipografica de' Classici Italiani, 1825, ma l'edizione originale è del 1630, e cfr. la voce di G. BENZONI,"Enrico Caterino Davila", in *Dizionario Biografico degli Italiani*, vol. 33 (1987), con bibliografia. Tale testo è da considerare come la probabile fonte

storica su cui si muove l'autore non è quella relativa alla Strage di San Bartolomeo, ma si dipana nel periodo immediatamente precedente. Se si vuol analizzare la quadruplice chiostra di date che viene menzionata dallo scrittore agnonese come cornice cronologica dei drammi (gli anni, rispettivamente, 1549, 1560, 1562 e 1567) è subito possibile notare come la prima data sia corrispondente a due eventi importanti, e in particolare il conclave che avrebbe eletto al soglio pontificio, con il nome di Giulio III (il cardinale toscano, sostanzialmente antifrancese, Giovanni Maria Ciocchi del Monte) e l'assunzione del titolo di Duchessa di Berry da parte di Margherita di Valois, figlia di Enrico II e Caterina de' Medici. La seconda data, invece, segna l'avvento al trono di Francia del giovanissimo Carlo IX, per il quale viene nominata reggente la madre, la medesima Caterina. La terza e la quarta data sono assai significative, perché durante quegli anni si combatterono rispettivamente la prima (1562 – 1563)[26] e

---

del D'Agnillo per gli avvenimenti narrati nella *Trilogia*.

[26] Il 17 gennaio 1562 viene promulgato l'Editto di St. Germain, in cui viene sancito il riconoscimento degli ugonotti. A costoro viene data libertà di riunirsi solo fuori delle città e di celebrare i riti religiosi solo nelle case private. Nello stesso anno si verifica anche la sanguinosa Strage di Vassy (l'evento scatenante la prima guerra civile), nella quale un gruppo di ugonotti intento ad una funzione religiosa viene massacrato dai seguaci del duca di Guisa.

la seconda guerra di religione (1567 – 1568)[27]. L'azione si svolge dunque nel corso di un ventennio circa, anni, ma è concentrata soprattutto negli ultimi sette. A differenza di altri autori, drammatici e no, che si occuparono di temi ugonotti, il D'Agnillo non tocca minimamente il problema scottante della Strage di San Bartolomeo, probabilmente perché trovava l'argomento troppo abusato, e soprattutto non tale da giustificare il sostanziale "happy end" della *Trilogia*. Timore anche della censura? Come sostiene la Piazzoni, che si è occupata del problema, nel periodo in cui la *Trilogia* venne edita, "le opere che mettevano in scena delitti e atrocità subivano in generale una pesante censura"[28], anche e soprattutto quando le opere suddette si avventuravano sul pericoloso crinale del vilipendio della religione[29]. E dunque appare possibile che anche il nostro nutrisse di tali preoccupazioni nel dare alle stampe questi tre drammi e non altri. Si tenga conto che

---

[27] In quell'anno, e in particolare il 29 settembre 1567 (cioè tre settimane dopo la fine degli avvenimenti narrati nella Setta dei Rei) inizia la seconda guerra religiosa, provocata dal tentativo di cattura del re Carlo IX e di sua madre Caterina da parte del Condé e del Coligny a Meaux. Dopo aver conquistato varie città (tra cui Orléans), gli ugonotti del Principe di Condé vengono arrestati davanti a Parigi dalle preponderanti truppe di Anne de Montmorency, che cade nel corso dello scontro.

[28] Cfr. PIAZZONI, *Spettacolo, istituzioni e società*, p. 173.

[29] Vedi ivi, in part. pp. 136 – 138 e 173, n. 138.

già autori di ben altra tempra del D'Agnillo avevano collocato le loro rappresentazioni drammatiche in epoca ugonotta (basti pensare all'opera dello Scribe musicata dal Meyerbeer, apparsa già in ambiente napoletano dopo il 1836[30]) e che in genere l'epoca in questione – sia pure non oltralpe – era stata oggetto di altri testi, sia pure non drammatici ma di narrativa storica[31]. Sicché, se si potesse fare un piccolo appunto postumo al D'Agnillo, varrebbe la pena dir questo: sarebbe forse stato meglio se le vicende che egli pretese di mettere in scena fossero state invece inserite nella cornice d'un romanzo, com'ebbero a fare altri e, in particolare, i più avvertiti seguaci del Guerrazzi[32], anziché porre in essere un'operazione forse troppo laboriosa come quella tentata con la *Trilogia*. Già all'epoca sua ci si orientava su una produzione in cui la suddivisione in atti fosse

---

[30] Cfr., ad esempio, *Gli ugonotti: dramma in 5 atti di Eugenio Scribe; musica di Giacomo Mayerber*, Napoli, a spese dell'editore, s.d. (ma dopo il 1836). Il testo ivi pubblicato è conforme a *Gli Ugonotti. Opera in cinque atti: versione italiana. Parole di Scribe; musica di Giacomo Meyerbeer*, Milano, Tito di Giovanni Ricordi, s.d. (ma 1837). La discordanza di datazioni consiglierebbe di posporre di almeno due anni l'edizione napoletana.

[31] Vedi *supra*.

[32] Si prenda, ad esempio, il teatino Pietro Saraceni (su cui, da ultimo, cfr. G. PANNUNZIO, *Il passato e la scena: Pietro saraceni tra storia, dramma e poesia*, Vasto (CH), &Mybooks, 2013, con bibliografia), che fu autore drammatico ma anche poeta di vena tardo-romantica.

più stringata (per intenderci, tre anziché cinque)[33]; al contrario D'Agnillo sviluppa le vicende da lui rievocate in un totale di ben quindici atti, che – se non del tutto contigui – di certo fanno risultare monchi i tre drammi, qualora presi singolarmente. Dunque, a meno di pensare che una compagnia di giro volesse sobbarcarsi la recitazione continua delle tre opere, si può soltanto ipotizzare che questa *Trilogia* (ma forse anche le altre) non fosse scritta per le scene, ma volesse acquisire appunto il valore effettuale di una produzione romanzesca "ante litteram", senza però averne le vesti formali. Che il D'Agnillo si sentisse incapace di scrivere un romanzo? Allo stato, non è possibile dirlo. Tra l'altro, che modelli compositivi già pertinenti alla narrativa fossero stati introiettati dall'autore agnonese ve n'è già qualche traccia: stando alla testimonianza di Luigi Gamberale, uno dei drammi rappresentati a Napoli, la *Griselda*, era infatti conformato (non si sa quanto liberamente) su una novella di Boccaccio, con un espediente che ricalcherebbe moduli di produzione artistica assai in voga nell'Ottocento, anche all'estero[34].

Passando ad esaminare nello specifico l'*Edmondo di Balme*, il primo dei tre drammi, converrà innanzitutto proporre un complicato "terminus post quem" per la

---

[33] Su tale questione, cfr. PANNUNZIO, *Pietro Saraceni* cit., pp. 90 ss.gg.
[34] Vedi ivi, pp. 98 ss.gg.

sua datazione e tentare di motivare in qualche modo l'intestazione, altrimenti incomprensibile[35], che D'Agnillo volle dare alla sua opera; a tale scopo non può non venire in aiuto l'indubbia suggestione deamicisiana che il titolo certamente offre al lettore più attento. Nel 1884, infatti, l'autore di *Cuore* pubblicò in volume – con il titolo di *Alle porte d'Italia* – una serie di articoli (apparsi originariamente sulla "Tribuna"), nei quali descriveva le risultanze di alcuni soggiorni da lui compiuti nelle valli piemontesi[36]. In questo volume De Amicis cita Balme una sola volta, e in riferimento al carattere roccioso degli abitanti della Val d'Ala, che furono coinvolti dai Savoia nella difesa dei confini e in seguito vennero inglobati a creare i primi embrioni

---

[35] Appare infatti strano che lo scrittore molisano abbia voluto assegnare, come forma di riconoscimento nobiliare, il barone Edmondo alla città piemontese di Balme, che pure costituì elemento di contesa tra la dinastia sabauda e i monarchi che a vario titolo si successero sul trono francese. Sarebbe stato certamente più semplice, infatti, evitare un'ambiguità del genere costruendo il personaggio del barone come francese "tout court".

[36] Cfr. E. DE AMICIS, *Alle porte d'Italia*, Milano, Treves, 1884, d'ora in poi citato come DE AMICIS, *Alle porte* [1884]. Su tali questioni, cfr. anche C. BONARDI, "Difese militari e religiose del Duca di Savoia contro gli Ugonotti (1580 – 1601)" in AA.VV., *L'architettura a Roma e in Italia (1580 – 1621): atti del 23 Congresso di storia dell'architettura*, 2 voll., cur. G. Spagnesi, Roma, Centro Studi di Storia dell'Architettura, 1989, in part, vol. 2, pp. 119 – 127.

dell'arma alpina[37]:

Certo v'eran fra loro dei frequentatori della Comba selvaggia, dove andavano a cacciar l'orso i principi Savoiardi, e di quei che vivono sotto la minaccia perpetua di Roccapendente, e dei nati in quel triste villaggio di Bonzo, al quale per sessantanove giorni dell'anno non si mostra il disco del sole. Quante ne dovevano aver già passate a vent'anni, quali dure prove doveva aver già vinto quella loro gagliardissima tempra! I figli dell'ultima Balme, più di tutti; molti dei quali avrebber potuto raccontare orrende istorie di parenti schiacciati dalle frane, e di tristissimi mesi di prigionia, trascorsi nelle case sepolte, in mezzo alle provvigioni accumulate come per un assedio, che poteva finir con la morte.

Da questo breve accenno può dedursi – cosa che probabilmente fece anche D'Agnillo, il quale in qualche modo dovette avere tra le mani il volume in oggetto – che il De Amicis era stato a Balme o nei pressi di Balme e che dare il suo nome all'eponimo del dramma avrebbe forse potuto definire un ambito di riconoscenza intellettuale o di stima, pur a fronte della duplice fama che lo scrittore di Oneglia ebbe nel corso della sua vita come giornalista e narratore[38]. Il

---

[37] Cfr. ivi, p. 348.

riferimento gotico alle "orrende istorie"[39] sembra preconizzare un'ispirazione futura, esattamente come quella che verrà in seguito posta in essere dal D'Agnillo, sia pure nell'ambito gallico in cui si muove l'azione scenica, e lascia intuire che, lungi dal vivere in un romitaggio o dal praticare una "splendid isolation" culturale, con ogni probabilità D'Agnillo si teneva al corrente delle più recenti pubblicazioni e dei dibattiti culturali più recenti, come mostrerebbe anche l'inedito e lacunoso carteggio con Luigi Gamberale. Sicché è possibile dire che quand'anche, come vedremo, si dovesse anticipare la composizione della *Trilogia* al periodo coevo o immediatamente precedente l'Unità d'Italia, pare probabile che la titolatura del primo dramma venne cambiata in seguito dal D'Agnillo – forse anche per ragioni editoriali – a causa delle motivazioni or ora esposte. Il fatto che il barone Edmondo venga così ad essere mezzo francese e mezzo italiano può render ragione di alcune affermazioni

---

[38] Si ricordino gli sprezzanti giudizi del Carducci, che per molti anni limitarono l'impatto delle opere di De Amicis sull'intellettualità italiana. Il poeta di Bolgheri, del resto, era poco amico dei giornalisti, come mostra la successiva polemica delle "mosche cocchiere" che coinvolse Ugo Ojetti (su cui cfr., da ultimo, PANNUNZIO, *Il liuto ed il silenzio* cit., pp. 66 ss.gg., con bibliografia).

[39] Cfr. la succosa introduzione a L. TAMBURINI, "Il sogno gotico", intr. a E. DE AMICIS, *Alle porte d'Italia*, Torino, Il Punto, 2003, pp. 2 ss.gg.

contenute nel secondo dramma, in cui, come vedremo –
a fronte di una serrata critica delle vicende politiche
francesi – anche gli italiani sona fatto segno all'accusa di
"indifferenza". Si tenga conto che, almeno nel capitolo
"La Ginevra italiana", De Amicis entra nella descrizione
critica delle vicende dei "pogrom" operati contro i
Valdesi, che vengono – in modo del tutto indicativo –
accostati proprio alla strage di S. Bartolomeo[40]. E
dunque, con una finezza compositiva sorprendente, lo
scrittore agnonese avrà senz'altro voluto rimanere

---

[40] Cfr. De Amicis, *Alle porte* [1884], p. 219 ss.gg., con chiara simpatia
dell'autore per le sorti dei poveri valdesi ("[...]Ah! no, studiate pure.
voi non riuscirete a rappresentarvi un quadro più lugubre e più
tremendo.... Il presidente del parlamento di Torino, dei consiglieri, dei
membri del tribunale dell'inquisizione, una frotta di domenicani, di
gesuiti, di arcieri di giustizia, e un seguito di contadini infanatichiti,
armati di coltelli, e di predatori vagabondi raccattati per viaggio, e i
frati cappuccini, e i birri, e il boia.... Raffigurateveli per una via di
villaggio, di notte, che passano lentamente, fra le caso mute, al
chiarore delle torcie resinose che gettan per le finestre nelle stanze un
riflesso della fiamme del rogo; immaginate quel miscuglio di
cappucci, di caschi, di pugnali, di crocifissi, di corde, quel rumore di
catene e di tonache, quello faccie barbute, quelle braccia in croce, quel
mormorio di preghiere, quelle fiamme fumose e quell'ombre sui
muri.... Ah! l'orribile cosa! In pieno giorno, in mezzo a quel bel verde
e sotto quel bel cielo, la scellerata visione mi strappava un grido muto
dall'anima: – Via, larve nefande, spauracchi abbominevoli del
passato!...– e svanivano; ma per riassalirmi ad un altro svolto di
strada, inine uno stormo di upupe, che uscissero improvvisamente da
un cimitero [...]").

equidistante da un sentimento sciovinistico che in tutta evidenza mal s'adattava all'epoca di cui egli faceva menzione nei tre drammi.

Venendo dunque alla sostanza esegetica dell'*Edmondo*, è subito necessario chiarire un punto: lungi dall'inferire in esso il solito e ben noto gioco di ruoli tipico del teatro e della narrativa dell'epoca (il "villain", poi redento dalla morte autoinflitta, barone Edmondo; l'artista sregolato – dalle tipiche movenze caravaggesche – Claudio Vannini; l'idealista e "politically correct" Guido Colbert, capo d'un'organizzazione segreta di stampo cospirativo, a non voler citare le numerose e romantiche figure femminili che popolano le pagine della *Trilogia* e che rientrano tutte in una già definita categorizzazione scenica avente come prima origine le eroine delle tragedie manzoniane), quello che può interessare sono alcuni e precisi squarci, in cui lo scrittore pone in evidenza le proprie radici ideologiche e i propri riferimenti culturali. Essi sono numerosi e in tale occasione, s'è detto, non potranno che essere accennati e definiti genericamente. Eppure, senza dubbio, da un'analisi della loro consistenza può emergere come Giuseppe Nicola fosse sostanzialmente un figlio del suo tempo e che – date le coordinate cronologiche del periodo in cui egli visse la propria adolescenza e la propria giovinezza – non poteva non essere così. Ma quali sono le possibili fonti del D'Agnillo, a parte quelle di cui ci si sta occupando e ci si occuperà nel presente saggio? Senza contare testi scritti in epoche coeve o comunque precedenti[41], si possono menzionare almeno i nomi di due drammaturghi italiani che andavano per la maggiore ai tempi del D'Agnillo e che sono, almeno per la parte strutturale, tra le sue fonti indiscusse: ci si riferisce innanzitutto a Filippo Barattani, che trovò ispirazione nel periodo immediatamente successivo al nascere della Riforma per i suoi *Legati di Clemente VII* e per *I Congiurati*, quest'ultimo ambientato a Venezia[42]; e

---

[41] Tra le varie opere scritte in lingua italiana poco dopo la strage di San Bartolomeo, cfr. per esempio *Lo Stratagema di Carlo IX, Re di Francia Contro gli Ugonotti Rebelli di Dio e Suoi: Descritto dal Signor Camillo Capilupi e mandato di Roma al Signor Alfonzo Capilupi* etc. Stampato a Ginevra da Jacob Stoer; per il tipografo. MDLXXIV; *La Grande et Felicissima Vittoria del Re Christianiss. Ottenuta Contra Ugonotti, Nemici, e Ribelli di Sua Maestà Christianissima con Una Ampla Narratione di Tutte le Cose Minutamente Successe nel Fatto d'Arme Seguito per Monsu de Ghisa, Sotto Loyre*. In Milano, s.e., MDLXXXVII. Per le questioni d'epoca precedente, cfr., "exempli gratia", *Il Crudel et Sanguinoso Fatto d'Arme, Occorso tra Francesi, et Ugonotti Luterani*. In Modona, s.d. [ma non prima del 1566]; *Ultimi avisi di Venetia. Narratione della guerra principiata contra il gran Turco, per gl'illustriss. sig. Venetiani etc., et alcune nove di Francia delli Ugonotti*. In Viterbo, s.d. [ma 1570].

[42] Sul massone Filippo Barattani, autore risorgimentale di drammi storici e buon dantista, valga il giudizio positivo espresso dal

infine a Giovanni Battista Niccolini, che collocò il suo *Antonio Foscarini*, anch'esso d'estrazione veneziana, in periodo pressappoco uguale[43].

Carducci, che lodava la forza patriottica delle sue opere (il che rende comprensibile anche l'interesse del della Porta). Su di lui, cfr. ad esempio C. PARISET, "Un aspetto ignoto della vita di Luigi Mercantini", in *Rassegna Storica del Risorgimento*, 1 (1939), pp. 488 – 496 (poi in *Un aspetto ignoto della vita di Luigi Mercantini*, Roma, La libreria dello Stato, 1939), in part. pp. 488 – 490. Al testo del Pariset si aggiunga IBID., "Lettere inedite di Atto Vannucci", in *Bullettino storico pistoiese*, 4 (1937), pp. 1 – 7 e, dello stesso, *Lettere inedite di P. Giannone di Camposanto (Modena) allo scrittore e patriotta anconitano Fiippo Barattani*, Roma, Stabilimento Tipografico Luigi Proja, 1933, inizialmente apparso in *Rassegna Storica del Risorgimento*, 4 (1932), pp. 367 ss.gg.. Si vedano poi C. ROSA, "Profili e figure del patriottismo marchigiano: Filippo Barattani", in *L'esposizione marchigiana*, 12 (1905), pp. 93 – 94; C. TREVISANI, *Delle condizioni della letteratura drammatica italiana nell'ultimo ventennio: relazione storica*, Firenze, Bettini, 1867, pp. 78 ss.gg.; e C. CATANZARO, *Vignette in penna di alcuni scrittori contemporanei*, Siena, Mucci, 1876, *passim*. Il Pariset, con qualche ragione in più, individua gli estremi di nascita e di morte dell'autore di Filottrano rispettivamente nel 1825 e nel 1900, mentre il Baldoncini – ma si ignora la fonte – lo dice nato nel 1831 e morto nel 1903 (e cfr. S. BALDONCINI, *Letteratura delle regioni d'Italia. Storia e testi. Marche*, Brescia, La Scuola, 1988, p. 53, dove ne leggiamo un fugacissimo cenno).

[43] Sul Nicolini, vedi ora G.L. FRUCI, in *Dizionario Biografico degli Italiani* (2013), "ad vocem", con bibliografia. In epoca successiva val la pena ricordare soltanto il testo anonimo *Gli ugonotti: romanzo storico*, Milano, Bietti, 1910; H.I. LOTHRINGEN, *Quattro lettere del duca di Guisa al Cav. Marc'Antonio Oddi : precedute da un cenno storico sul personaggio*

Per quel che concerne il *Claudio Vannini*, invece, sovviene con facilità il ricordo del purista antileopardiano Saverio Baldacchini, che dalla natia Barletta si trasferì in giovane età a Napoli e che il poeta recanatese colpì con i suoi infuriati e perentori strali nel capitolo in terza rima *I Nuovi Credenti*[44]. Il Baldacchini, infatti, pubblicò nel 1836, per i tipi dell'editore partenopeo R. De Stefano[45], una cantica intitolata appunto *Claudio Vannini o L'artista*[46]. Nel testo del

---

cui sono dirette e sulla parte presa dai perugini nella guerra contro gli ugonotti etc., Perugia, Stab. V. Bartelli, 1877. Sul romagnolo Gattinelli, drammaturgo ottocentesco appartenente a una nota famiglia di artisti, cfr il lemma "Gattinelli" curato da G.G. FAGIOLI VERCELLONE, in *Dizionario Biografico degli Italiani*, vol. 52 (1999), con bibliografia.

[44] Cfr. Cfr. G. LEOPARDI, *Poesie e prose*, vol. I, cur. R. DAMIANI – M.A. RIGONI, Milano Mondadori, 1987 pp. 396 ss.gg. Sulle polemiche intercorse tra lo scettico Leopardi e i liberali napoletani, accusati di professare un cristianesimo solo di facciata, cfr. ora L. GERI, "La prospettiva apocalittica nella polemica di Giacomo Leopardi contro lo spiritualismo", in *Apocalissi e letteratura*, cur. I. De Michelis, Roma, Bulzoni, 2005, pp. 143 – 154.

[45] Tra gli altri volumi il De Stefano (stranamente non citato nel volume del Trombetta) aveva pubblicato, pressappoco nello stesso periodo, le poesie di Vincenzo Padula, i saggi del De Filippis Delfico e la traduzione di Scipione Volpicella del *Medico di campagna* di Balzac.

[46] Cfr. S. BALDACCHINI, *Claudio Vannini o L'Artista. Canto*, Napoli, per R. de Stefano e Socii, 1836. Il testo, con la stessa breve nota premessa al volume precedente, anche nell'antologia quasi coeva, curata da Antoine Ronna, *Poeti Italiani Contemporanei maggiori e Minori*, etc. Parigi, Baudry, 1843, pp. 802 – 812 (il testo ivi contenuto è

Baldacchini, tra l'altro ispiratore di un'analoga opera dello scrittore teatino, già menzionato – Pietro Saraceni (che per taluni aspetti può essere accostato al D'Agnillo, almeno nella parte drammaturgica) – si avverte una sorta di manzonismo di ritorno: vi viene presentata la catarsi di un personaggio, appunto il pittore senese Claudio Vannini (definito dal D'Agnillo "pittor, cantore, suonator, poeta"[47]), il quale, dopo una vita sregolata trascorsa tra gozzoviglie e atti osceni, avrebbe recuperato uno spirito eticamente cristiano assistendo alla morte dell'amata madre, anche attraverso un modello parenetico e pedagogico strettamente connesso al momento del trapasso e che è del tutto coerente con similari situazioni narrative primo–ottocentesche[48]. Ecco cosa il barlettano scrive del Vannini nella sua manzoniana e storicamente inventata introduzione (la

---

sostanzialmente una ristampa di quello presente in *Rime Scelte di S. Baldacchini, G. Borghi, Della Valle, A.M. Ricci, F. Romani, N. Tommaseo, B. Sestini. Volume unico*, ivi, 1841. da quest'ultimo testo vengono tutte le citazioni che seguiranno.).

[47] Tutte le citazioni fatte d'ora in poi provengono da G.N. D'AGNILLO, *Trilogia Drammatica*, Napoli, Luigi Pierro, 1897. Altrove il D'Agnillo fa pronunciare al Vannini questa cavalleresca dichiarazione d'intenti: "[...] Ovunque/ È una donna che piange, e un gentiluomo/ Ch' abbia un core, non credere ch' ei voglia/ Restar col braccio inoperoso al fianco [...]".

[48] Sull'argomento, cfr. P. ARIÉS, *L'uomo e la morte dal Medioevo a oggi*, trad. it., Roma-Bari, Laterza, 1985, *passim*.

quale pure ha qualcosa di visionario[49]:

---

[49] Cfr. BALDACCHINI, *Claudio Vannini* cit., pp. 5 ss.gg. La parole del Baldacchini hanno una curiosa somiglianza con quelle che, circa cento anni dopo e nel Nuovo Continente, scriveva un altro classicista (sia pure nell'ambito delle "horror stories"), vale a dire H.P. Lovecraft "[…] I should think you'd have known I didn't drop Pickman for the same silly reasons that fussy old women like Dr. Reid or Joe Minot or Rosworth did. Morbid art doesn't shock me, and when a man has the genius Pickman had I feel it an honour to know him, no matter what direction his work takes. Boston never had a greater painter than Richard Upton Pickman. I said it at first and I say it still, and I never swenved an inch, either, when he showed that 'Ghoul Feeding'. That, you remember, was when Minot cut him. You know, it takes profound art and profound insight into Nature to turn out stuff like Pickman's. Any magazine–cover hack can splash paint around wildly and call it a nightmare or a Witches' Sabbath or a portrait of the devil, but only a great painter can Pickman's Model make such a thing really scare or ring true. That's because only a real artist knows the actual anatomy of the terrible or the physiology of fear – the exact sort of lines and proportions that connect up with latent instincts or hereditary memories of fright, and the proper colour contrasts and lighting effects to stir the dormant sense of strangeness. I don't have to tell you why a Fuseli really brings a shiver while a cheap ghost–story frontispiece merely makes us laugh. There's something those fellows catch – beyond life – that they're able to make us catch for a second. Doré had it. Sime has it. Angarola of Chicago has it. And Pickman had it as no man ever had it before or – I hope to Heaven – ever will again. Don't ask me what it is they see. You know, in ordinary art, there's all the difference in the world between the vital, breathing things drawn from Nature or models and the artificial truck that commercial small fry reel off in a bare studio by rule. Well, I should say that the really weird artist has a kind of vision which makes models, or summons up

Claudio Vannini nacque in Siena di nobili, agiati ed amorosi parenti, verso la metà del sestodecimo secolo. Non ancora uscito di puerizia, prese a sentir troppo altamente di sè, mostrandosi poco curante degli ammaestramenti e de' consigli, di che è tanto bisognosa l'età prima dell'uomo. Giunse ad infastidirsi della famiglia, e della città e dell'Italia, sicchè, come prima potette, passò oltremonti, alfine di dimenticare del tutto la lingua, le usanze e la civiltà italiana. Nella Svizzera cominciò a dipinger paesi, battaglie ed altre sue fantasie molto bizzarre, tenendo metodi affatto diversi da quelli, che si osservavano presso di noi, e procurando di scegliere nella natura il brutto dal brutto, anzichè il bello dal bello, come usavano di fare i nostri migliori maestri. In Francia alcune rappresentazioni troppo fedeli di cose laide e lascive gli acquistarono fama, e in talune brigate dicono ch'ei fosse assai volentieri accolto: le quali egli soleva intrattenere con la recita di certi suoi versi, in cui si studiava di porre in derisione le credenze e le dottrine più essenziali al viver civile. Ma, ritornato in patria, egli fu talmente compunto dal veder morire cristianamente la madre, che da quell'ora non fu più lo

---

what amounts to actual scenes from the spectral world he lives in. Anyhow, he manages to turn out results that differ from the pretender's mince–pie dreams in just about the same way that the life painter's results differ from the concoctions of a correspondence–school cartoonist [...]". Per il testo, cfr. "Pickman's Model", pubblicato in *Weird Tales*, Vol. 10, No. 4, p. 505 – 514.

stesso uomo. Ed aveva in animo di riformare eziandio la maniera ch'egli teneva nel dipingere non che nel poetare, e desiderò lasciare al mondo un'opera, che potesse stare con la Cena di Leonardo e con la Trasfigurazione dell'Urbinate. Ma il troppo ardore, con che si diede in Roma a rifare i suoi studi in una età omai matura, fu causa che a compiere i suoi nuovi concetti non gli bastasse la vita. Di Claudio Vannini non ragionano punto gli scrittori della storia della pittura, e solamente da alcune cronichette di artisti, che si conservano manoscritte in Siena, ho potuto raccogliere queste notizie e le altre, di che mi sono giovato, scrivendo il componimento, che ora mi piace di dare alla stampa. Di lui si mostrano ancora alcune tavole, nelle quali di leggieri si ravvisa l'orma di un potentissimo ingegno, capace di grandi cose, se non fosse uscito fuori di via. Tanto vero è che poca e fugace fama si trae dallo strano e dai delirii di una fantasia in ferma e odiatrice degli uomini, nel mentre che eterne durano le opere, le quali sono condotte in guisa che soddisfacciano ai sentimenti ed ai bisogni della universa nostra natura.

Da parte sua Emidio Cappelli, che sulla rivista curata dal medesimo Baldacchini ebbe a recensirne il testo in modo poco meno che panegiristico, indica nel Vannini una figura storicamente definita, anche rifacendosi all'introduzione del Baldacchini alla propria cantica[50]:

Egli fu per patria Sanese. Nacque intorno alla metà del decimosesto secolo da amorosi e non umili parenti. Dall'adolescenza incominciò a spiegare un'indole assai superba, e sprezzatrice di ogni norma e consiglio, la quale crescendo con gli anni, venne a tale che infastidito de' suoi, del suo paese, e dell'Italia, passò le Alpi, e desideroso di dimenticar la lingua, le arti, le costumanze, e fin la memoria della sua patria, si fermò sui monti della Svizzera, dove diessi a dipingere paesi e battaglie, non come i buoni e lodati artisti sogliono, ma come la travolta sua fantasia glieli appresentava; pigliando dalla natura non già il bello ed il maraviglioso, ma lo strano ed il deforme. E questa maniera egli tenne non pure nel dipingere, ma nel poetare eziandio, riempiendo i suoi componimenti di sconce laidezze, e di matte fantasie sovvertitrici di ogni fondamento di sana morale, e

---

[50] Cfr. E. CAPPELLI, "Claudio Vannini o L'Artista", ne *Il Progresso delle Scienze, Lettere e Arti. Opera Periodica compilata per Cura di S.B. Volume XIII. Anno V*. Napoli, dalla Tipografia Flautina, 1836, pp. 248 – 268. Un'altra breve recensione elogiativa, a firma T., in *Ricoglitore Italiano e Straniero, ossia Rivista Mensuale Europea di Scienze, Lettere Belle Arti, Bibliografia e Varietà. Anno IV, Parte I^a*. Milano, presso Ant. Fort. Stella e Figli. 1837, p. 292, senza nulla aggiungere a quella già scritta dal Cappelli. Infine un ragguaglio critico, anonimo e di scarsa importanza, trovasi in *Annali Civili del Regno delle Due Sicilie. Volume X. Gennaio, Febbraio, Marzo ed Aprile 1836*. Napoli, dalla Tipografia del Real Ministero degli Affari Interni nel Reale Albergo de' Poveri, 1836, pp. 45 – 49, in part. p. 47.

dileggiatrici sfacciate delle più salutari dottrine e delle più riverite credenze. Per queste ed altre sue capestrerie dicono che in Francia venisse in fama, ed in molli ritrovi fosse volentieri accolto. Ma ridottosi finalmente in patria, rimase quivi sì vivamente commosso dal veder morire cristianamente la sua vecchia madre, che non solo tosto rimise della sua disordinata e rotta natura, ma tornando in lui i semi del diritto sentire e dei regolati costumi, tornò ancora l'amore per la buona maniera nell'esercizio dell'arte sua. Molti dipinti egli condusse, e se ne mostrano ancora alcuni, i quali portano impressa la traccia di un assai potente ingegno; e molli altri ne meditava nel suo animo, di tanta perfezione da poter reggere al paragone co' più celebrati capilavori dell'arte pittorica: e certo egli era uomo da farlo, se la morte non avesse importunamente troncato le ali ai suoi novelli concetti.

Va subito sottolineato come – allo studioso moderno, ma paradossalmente anche al Cappelli, che omette significativamente il riferimento alle "cronichette" e che pure di Baldacchini fu amico e sodale anche troppo coraggioso[51] – questa figura risulti

---

[51] Sul Cappelli, letterato abruzzese che senza ragioni evidenti si professava amico anche del Leopardi, cfr. ad esempio A. DE NINO, *Briciole letterarie*, Carabba, Lanciano 1884, pp. 177 – 184. La recensione, di cui s'è riportato un passo, è ben nota agli esegeti del poeta di Recanati, perché in essa il preteso "amico" Cappelli accusò Leopardi, pur senza mai citarlo esplicitamente e con un'assurda cecità critica che

invece diafana e priva di reale contenuto, una sorta di personaggio raccolto lungo la strada "et pour cause" dal poligrafo pugliese; quest'ultimo sostiene che il Vannini sarebbe citato in all'interno di imprecisate e ancora manoscritte cronache senesi e che avrebbe avuto anche una produzione poetica (a tutt'oggi del tutto ignota)[52], ma tali affermazioni vengono propalate al lettore in un modo talmente indefinito da non consentire indizi più

---

spesso gli venne rimproverata, di incitare i lettori all'odio, piuttosto che convogliarli verso un fine di amore fraterno. La risposta piccata e sarcastica del Leopardi non tardò ad arrivare (e vedi *infra*, la n. 10).

[52] Un solo Vannini è nominato, ad esempio, in un testo assai in voga all'epoca in cui l'agnonese scrisse presumibilmente i tre drammi, e cioè nella raccolta di biografie di artisti celebri di F. De Boni (e cfr. *Biografia degli Artisti ovvero Dizionario della Vita e delle Opere dei Pittori, degli Scultori, degli Intagliatori, dei Tipografi e dei Musici di Ogni Nazione che Fiorirono da' Tempi più Remoti sino a' Nostri Giorni. Seconda Edizione.* Venezia. Presso Andrea Santini e Figlio Librai-editori. 1852, p. 1047). L'artista menzionato, in particolare, si chiamerebbe Ottavio Vannini, fiorentino, allievo del Passignano e vissuto all'incirca tra il 1585 e il 1645, con il quale – al di là di ogni eventuale suggestione onomastica – non è però possibile identificare in alcun modo il Claudio delle opere del Baldacchini e del D'Agnillo, anche perché costui svolse la sua attività esclusivamente in Italia. Su di lui, comunque, cfr. anche il lemma curato da Michael Bryan in W. ARMSTRONG – R.E. GRAVES, *Dictionary of Painters and Engravers, Biographical and Critical*, 2 voll., London, George Bell and Sons, 1889, in part. vol. II, p. 632. Su Filippo De Boni, poligrafo veneto operante nella prima parte dell'Ottocento, cfr. E. SESTAN, in *Dizionario Biografico degli Italiani*, vol. 33 (1987), "ad vocem", con bibliografia.

probanti che possano facilitare la collocazione biografica del personaggio[53].

Per quel che attiene la comparazione esegetica tra le due opere, è d'uopo sottolineare come il D'Agnillo non si limiti a ripercorrere pedissequamente la trama del poemetto baldacchiniano, ma ne cambi – sia per motivazioni drammatiche sia per ragioni che diremo narrative – la tramatura testuale e gli accadimenti. Più di tutto, al D'Agnillo interessa ribadire la valenza "scapigliata" (e si badi che il termine qui non è usato in senso proprio) del personaggio di Claudio Vannini, un artista innamorato del "vero" esattamente come coloro che, quando la *Trilogia* venne composta, stavano cominciando a popolare i palcoscenici e le librerie italiane. Il primo elemento che risalta in questo secondo dramma è certamente la contrapposizione tra la visione romantica dell'artista come profeta ispirato e quella (evidentemente recepita male in base agli

---

[53] Si noti che anche altrove l'incertezza sulla reale consistenza storica del Vannini è ben intuita, sia pure nella solita cornice adulatoria che circondava, negli ambienti napoletani, l'opera del Bertacchini. Ne fa fede, ad ulteriore esempio, la già citata recensione, firmata F.V., negli *Annali Civili del Regno delle Due Sicilie*, dove si legge che il supposto pittore senese "nacque egli da nobili ed agitati (*sic!*) parenti verso la metà del sestodecimo secolo, e qui per raccontar la sua vita ci varremo delle parole stesse del nostro Autore in una gentil prosa che è messa innanzi al suo canto [...]", con successiva e pedissequa citazione tra virgolette delle già ricordate parole del Bertacchini medesimo.

scimmiottamenti critici d'oltralpe) che lo vedeva intento alla descrizione delle situazioni e degli eventi più sordidi e che probabilmente in tale veste era giunta alle orecchie del D'Agnillo sin dalla fine degli anni '30 del secolo decimonono. Leggiamo infatti questo duetto tra Alda, la fanciulla amata dal pittore, e il Vannini medesimo:

[...]
L'artista è l'uomo
Che l'essere dal Ciel reca avvivato
Dall'alito di Dio. L'anima sua
È la più vasta immagine dell'alta
Mente infinita, ed il suo cor la forza
Maggior di quante son forze create.
Ei viene in terra; e quivi, nel momento
Che nell'intimo suo sente dal soffio
Dell'ispirazion l'alma investita,
Schierarsi ei vede innanzi alla sua mente
Quei tipi di bellezza, che veduti
Egli ha la prima volta in Paradiso,
E si gl'impronta alla materia bruta,
Animandone pietre e tele e carte;
Acciò che l'uom, veggendoli, dal fango
Della terra per essi, qual per una
Scala, si levi insino a Dio, ch'è vero,

Buono e bello infinito.
[…]

A queste ispirate affermazioni della giovane Alda, con il solito rincorrersi dialettico di ossimori, stavolta contenutistici, il Vannini così risponde:

[…]
L'artista è un uomo, cara mia, composto
D'ossa e di polpe come tutti; nato
Ei come tutti dalla creta, innanzi
Conduce la sua vita come tutti
I nati della creta, destinato
Anch'egli finalmente come tutti
A risolversi in creta. In essi, panni,
Altro vario non è che la tendenza,
Che ciascun uom senza che il sappia o voglia,
Reca seco in sul nascere, diversa
Da quella d'ogni altr'uomo: onde si sente
Qual nato a fare il ciabattino, e quale
Il pittore o il poeta. Perciò questi
Danno alla loro mission l'effetto
Quando fanno un bel quadro o un bel poema,
Come alla sua lo dà quando lavora
Un bel paio di scarpe il ciabattino.
[…]

D'una pittura quando
Dician ch'è bella? Oh, di'! quando in vederla
Ci par che in essa sia la stessa cosa
Ch'altri ha ritratta. Il bello adunque è bello
Quand'egli è vero. L'arte è imitatrice
Della natura. Or io non so perch'altri
Dipinga un ciel sereno, una collina
Verdeggiante d'Italia, ed io non possa
Dar forma a una terribile procella,
A un dirupo dell'Alpi, essendo veri
Quelli e questi del pari.
[...]
I suoi raggi [sc. della virtù], *io non li vedo*
E non li credo. Quella, a cui sogliamo
Dar nome di virtù, non è che il sogno,
Il retaggio del vil. Ciascuno all'altro:
Sii virtuoso, grida; e quei più grida,
Che degli altri è il più tristo. In sè non vuole
Dunque, ma in altri ei la virtù; per farne
Quel ch' egli vuole.
[...]

Successivamente la dialettica tra i due giovani si attenuerà, ma non del tutto, se il D'Agnillo potrà di nuovo scrivere:

[…]
L'idea? Dall'intimo essere traspare
Pel sensibile un raggio. Entrambi imita
L'Arte. Ma ignara la fanciulla eterna,
Nella ingenuità di sua natura,
S'affatica a ritrar quello, ed in esso
Senza quasi voler quest'altro coglie
la vita di quest'uno ella deriva
Nell'altro; e al vivo diamo nome di vero.
[…]

E alle obiezioni di Alda per cui "dal vizio almeno abborrir deve ogni arte", il Vannini tranquillamente risponde:

[…]
Per contrarietà […]
Anche il vizio ritratto esser può vero.
Patto ed idea, vizio e virtù, bellezza
E orror, caosse ed armonia (la vita
Pu altra mai?) ritrar, cara, può l'Arte.
E dee; ma insieme, e sì che l'una eccella
Nel contrasto con l'altro, in quella forma
Che nel contrasto con l'ombra la luce.
[…].

Le contrapposte testimonianze dei due personaggi, e le vicende successive, culminanti in una sorta di "conversione" finale del Vannini, nascondono la predilezione, da parte del D'Agnillo, di una concezione dell'arte non meccanicistica né regolata da altro che non sia l'ispirazione divina che ogni artista rispettabile dovrebbe sentire dentro di sé[54]. Un punto di

---

[54] Più oltre il Vannini dirà: "Il fatto è il vero., mia cara; se al fatto/ Io non do forma, non conseguo il vero", laddove Alda sostiene, in riferimento alla virtù che deve esserci nei quadri, che "i raggi suoi/ Scendono dal Cielo, come que' del sole,/ Sovra la terra, a fecondar la vita/ Dell'anima [...]" (linguaggio tipicamente religioso, e – citando i più antichi tra i molti esempi – cfr. *Prediche Dette nel Palazzo Apostolico Dal Padre Fr. Bonaventura di Recanati etc. Divise in Due Tomi*. Tomo Primo. Venetia, MDCXCIII. Presso Paolo Baglioni, p. 138: "[...] Che orrore di corruttione seguirebbe nella terra se il sole indirizzasse, e ragunasse tutti i suoi raggi, per illuminare, e fecondare una sola parte? [...]"; *Lustri Ravennati dall'Anno Mille, e Cinquecentottantaotto fino all'Anno Mille, e Seicento Cinquanta Brevemente Descritti da D. Serafino Pasolino* etc. In Forlì per Carl'Antonio Zampa, 1684, parti 5 – 6: "[...] E perchè ne meno mancasse un Sole visibile, che continuasse ad illuminare, e fecondare la Terra, delegò, e trasferì nel Capo de' suoi Apostoli la sua Divina autorità, disponendo, che Pietro, e suoi Successori nel Pontificato fossero suoi legittimi vicari, Arbitri delle Chiavi del Cielo, e Padroni di legare, e sciogliere in modo, che s'avesse per fatto in Cielo, ciò che da esse fosse decretato in Terra [...]"; *Vita di S. Antonio Abate il Grande, e Suoi Religiosi Istituti. Riferita in due Parti etc. Opera del R.P.D. Giulio Ambrosi Lucenti* etc. In Roma, Per il Bernabò. MDCXCVII, p. 119: "[...] e siccome il sole senza partire dal suo Cielo infiamma, e illumina co' suoi raggi il mondo, Così il

vista schiettamente romantico, che si contrappone – in tutta evidenza – a quelle sorgenti teorie del naturalismo, e indirettamente del realismo, che dalla Francia, nell'epoca della presunta composizione della *Trilogia*, cominciavano a far capolino anche nel nostro paese. Sicché appare sorprendente la coincidenza d'opinioni tra il nostro Giuseppe Nicola e l'anonimo autore di una tra le recensioni che uscirono in epoca contemporanea all'edizione del Claudio Vannini del Baldacchini[55]. In essa si dichiarava questo:

Giustamente gli antichi immaginarono che le Arti belle nel Cielo avessero avuto l'origine e dal Cielo fossero discese qui in terra; e più giustamente ancora che compagnia e corona, fossero di quel loro Apollo figurato nel Sole che le cose tutte nel mondo vivifica abbellisce e rischiara, perchè le umane menti con una luce pia spirituale e celeste ravvivar dovea

---

religioso [...] riscaldi, e illumini colle dottrine [...]". Se Bonaventura da Recanati è universalmente noto per essere stato uno dei Superiori Generali dei Cappuccini alla fine del Seicento, il Pasolino, canonico lateranense e insegnante di filosofia e teologia nella seconda metà del secolo diciassettesimo, è un po' meno noto. Su di lui cfr. *Gli uomini illustri della città di Ravenna. Libro uno con appendice di Filippo Mordani; per cura di Gaetano Deho*, Torino, Tipografia e libreria Salesiana, 1878, p. 87 (il testo fu edito per la prima volta nel 1703). Nessuna notizia certa sul Lucenti, se non che fu abate dell'ordine cistercense, come si desume dal volume di cui sopra.

[55] Cfr. *Annali Civili del Regno delle Due Sicilie* cit. pp. 45 – 46.

illuminare e ingentilire. Questa favola rinserrava in quegli antichi tempi un solenne precetto che religiosamente fu allora osservato. Il semplice e il vero espressero le Arti, e figliuole d'ispirazioni mire e soavi, gli animi raddolcirono e alle civili virtù gli accesero, e furono di grandi e nobili fatti consigliatrici e maestre. E certo non dagli avvicinati cammini, dagli annientati commerci, dall'operosa industria e dalla inquieta e torbida ambizione degli uomini si vuol trarre argomento dell'accresciuta civiltà di un secolo; ma dagl'ingentiliti costumi che tutto tacciono abborrire che non sia giusto ed onesto dalla schietta fede e dall'amore sollecito più dell'altrui che del proprio bene. Da quel fine utilissimo, a cui prima attesamente miravano le Arti, muovon ora, pur troppo spesso, lontano. L'esempio che dicevamo de' Greci e de' Latini, come cosa vieta dispregiasi; e sregolatamente abbandonandosi alle più strane fantasie si va in cerca di cose nuove e mai più vedute, contenti di produrre negli animi una impressione profonda, qualunque ella sia, e comunque avessero poi a seguirne funestissimi effetti. Tradimenti, adultèri, assassinii, incesti, il vendere il corpo e l'anima a prezzo di danaro, le umane passioni torbide cieche da niun rispetto tenute a freno, perchè la virtù e la ragione non hanno più alcuna forza; è questo uno spettacolo che non può non altamente sommuovere e inorridire. Ma gli nomini saranno poi per questo migliori? Sembra veramente incredibile che mentre si va raccogliendo a mano a mano il frutto delle infocate parole del Beccaria, del Filangieri e degli altri illustri filosofi del passato secolo; e vedesi abolita la tortura, fatte luogo di sola custodia le prigioni, le pene capitali o non più eseguite o di rado; vedesi intanto il teatro, i versi de' moderni poeti; le prose meglio accolte e più avidamente lette, tutte piene di oscenità e di orrori. Eppure le crudeli torture, le prigioni tristissime, le forche e le scuri spesso adoperate cagionavano negli animi una impressione profonda viva sentita, e que' filosofi, che ora nominavamo, provavano essere la sola funesta causa di peggiorati costumi. E come adunque poter credere che dalla lettura di que' versi e di quelle prose, dal veder rappresentate quelle tragedie e que' drammi gli uomini debbano della colpa prendere orrore, e seguitare le virtù che loro non si mostrano o se si mostrano sono sempre sventurate? E perchè piuttosto non creder vero quello che diceva Platone, e che ho dovuto spesso in altro luogo ripetere, che gli uomini avvezzati a vedere il sangue e i delitti non abbiano poi ad averne ribrezzo ed orrore?

La posizione dell'anonimo interlocutore appare dunque lontana dai vaneggiamenti antileopardiani del Cappelli, volgendosi ad un'analisi che privilegiasse quelle che Giovanna Sparacello ha chiamato "istanze antirealistiche", come almeno esse si mostravano nella tragedia d'ispirazione montiana[56]. In questo caso,

---

[56] Cfr. G. SPARACELLO, "E traendo un sospir raddoppia il pianto. note

estranee alla sublimità tragica non sono tanto le problematiche familiari e l'amore, quanto la rappresentazione fedele della realtà, nel modo che andava sorgendo – soprattutto per opera del Balzac e del Flaubert – nella Francia di quel periodo. Il rifiuto della tragedia di tipo senecano e d'impronta "splatter" non è dunque che un travestimento atto a nascondere il rifiuto delle nuove istanze che provenivano dai dintorni di Parigi. E se è pur vero che è dimostrata la presenza d'un teatro di impronta fantastica all'interno della produzione primo–ottocentesca, con tutte le sue contraddittorie propaggini vampiristiche e soprannaturali[57], i termini utilizzati dal recensore del Baldacchini appaiono più rivolti a una raffigurazione realistica piuttosto che a una sfera semantica che fosse altra rispetto ad una pur esaltata quotidianità o agli atti eroici reperibili, in senso didascalico e pedagogico, nei drammi storici. Essi, dunque, sono portatori di istanze in sostanza diseguali, presentando inoltre disuguaglianze corpose nella tramatura narrativa. Per fare una battuta, si può dire che l'unica cosa che certamente le unisce è l'utilizzo dell'endecasillabo epico,

sulla tragedia e il libretto montiano", in *Chroniques italiennes*, 77/78 (2006), pp. – 106, in part., p. 106 per la citazione.
[57] Cfr., su tali problematiche, AA.Vv., *La meraviglia e la paura. Il fantastico nel teatro europeo (1750-1950)*, cur, N. Pasqualicchio, Roma, Bulzoni, 2013, *passim*.

nelle forme codificate dalla letteratura neoclassica.
Certo, non c'è dubbio che il diverso spessore delle opere
le destini ad un diverso percorso, e tuttavia val la pena
individuare qualche tratto che le distingua, anche nel
tentativo di verificare un cammino esegetico che le
distingua.

Anche per quel che concerne *La Setta dei Rei*, è
possibile definire con precisione almeno l'ambito
onomastico in cui si pone il protagonista della terza
parte della *Trilogia*. Sotto le spoglie del Guido Colbert
ideato dal D'Agnillo, in realtà, viene forse adombrato il
magistrato francese Guido Chamillard, meglio noto
come Guy Chamillard, feudatario di Magny, che viene
citato in tal guisa in alcune fonti bibliografiche
precedenti la probabile composizione del testo di
D'Agnillo[58]. Facendo astrazione del come il D'Agnillo

---

[58] Cfr., ad esempio, *Catalogue of the Sutherland collection in Two Volumes.
Vol II.* London: Published by Payne & Foss, and P. & D. Colnaghi &
Co. Printed by W. McDowall, Pemberton Row, Gough Square. 1837, p.
720; e *Portraits de Nanteuil.* Tome I, 1664 (dove si può ammirare
un'incisione che lo ritrae e dove ne vengono dati gli estremi di nascita
e di morte. Ma su questo cfr. anche, ad esempio, A.P.F. ROBERT-
DUMESNIL, *Le peintre-graveur français, ou catalogue raisonné des estampes
gravées par les peintres et les dessinateurs de l'école française, ouvrage
faisant suite au peintre-graveur de M. Bartsch* , Colmar, Paris, Huzard,
1835 – 1871, p. 59; e *Marques de Collections: (Dessins-Estampes), Marques
estampillées et écrites de collections particulières et publiques. Marques de
marchands, de monteurs et d'imprimeurs. Cachets de vente d'artistes*

sia venuto a conoscenza di questo personaggio, va però rilevato che egli lo fa vivere in un periodo storico del tutto antecedente (lo Chamillard, che operò sotto Luigi XIII, visse tra il 1624 e il 1675), con una strana analessi evocativa che sembra richiamare la necessità di creare una figura "ad hoc", coerente con le vicende narrate nel terzo dramma. A tal proposito, sembra anche ipotizzabile qualche confusione a partire da testi, conlimitanei ad un ambito storico artistico, dove i nomi Colbert e Chamillard sono curiosamente e circostanzialmente accostati[59]. La *Setta dei Rei* comincia

---

décedés. Marques de graveurs apposés après le triage des planches. Timbres d'edition. Etc., Avec Des Notices Historiques sur les Collectionneurs, les Collections, les Ventes, les Marchands et Editeurs, Etc., par Frits Lugt, Vereenigde Drukkerijen, Amsterdam, 1921, p. 572). Per qualche notizia in più, cfr. R. CHALLE, *Mémoires. Correspondance Complète. Rapports sur L'Acadie et autres pieces. Publiés d'aprés les originaux avec de nombreux documents inédits par Frédéric Deloffre avec la collaboration de Jacques Popin*, Genéve, Droz, 1996, p.393, n. 2.

[59] Cfr. *Notizie degli Intagliatori, con Osservazioni Critiche Raccolte da Vari Scrittori ed Aggiunte a Giovanni Gori Gandellini dall'Abate Luigi de Angelis etc. Tomo Duodecimo Del proseguimento dell'opera fino ai nostri giorni.* Siena, 1813. Dai Torchj d'Onorato Porri. Con Approvazione, p. 289, dove lo Chamillard è posto accanto a Jacques Nicolas Colbert, abate di Becque e – significativamente! – vescovo di Rouen (località sovente citata nella *Trilogia*). Per tali accostamenti, vedi anche *The Cyclopædia: Or, Universal Dictionary of Arts, Sciences, and Literature, by Abraham Rees, etc. Vol. XV.* London: Printed for Longman, Hurst, Rees, Orme & Brovne, Paternoster-Row, 1819, "ad vocem". Sul De Angelis,

con una connessione, di stampo gotico ma d'estrazione storica e romantica, tra la corporazione gallica dei druidi e la setta medesima[60]:

[...]
Il rumor d'una cascata:
Un vero antro druidico. Qui venne

---

bibliotecario, teologo ed erudite senese del Settecento, cfr. M. DE GREGORIO, *Luigi De Angelis (1758-1832) con una lettera di Vincenzo Monti e la ristampa anastatica del 'Discorso storico su l'Università di Siena'*, Torrita di Siena, Associazione culturale Villa Classica, 2008, con bibliografia.

[60] Si ha qui una suggestione generica, forse derivante da *Storia d'Italia del Medio-Evo di Carlo Troya. Vol. I. Parte I*. Napoli, dalla Tipografia del Tasso, 1859, pp. 344 – 345: "[...] Perciocchè di tutte quasi le controversie così private che pubbliche statuivano i Druidi e giudicavano [...] o che questi spettassero alle faccende civili d'eredità e di confini, od alle criminali, se alcun omicidio si fosse commesso ed ogni altro misfatto. Sentenziavano che gli Dei non si potesser placare, se non dando la vita d'un uomo per la vita d'un altro uomo; laonde i micidiali eran puniti di morte da' Druidi [...]. A simiglianti giudizj s'obbediva, come se usciti fossero dal cielo; e chi non avesse recato ad effetto il decreto, si vedeva interdetto da' sacrilicj, e tenuto per iniquo e scellerato. Ciascuno a gara schivava d'appressarsi a quello e di parlargli, acciocchè niun male procedesse dal con tagio dell'empio; ne più alcun onore o dritto di cittadino si attribuiva, nè si concedea di stare in giudizio a' contumaci al volere de' Druidi [...]". Sul Troya, storico napoletano operante anch'egli nel periodo della Restaurazione, cfr. N. NICOLINI, in *Enciclopedia Italiana* (1937), "ad vocem", cpon bibliografia.

La man dell'uomo a gareggiar con quella
Della natura. Ecco l'altare: ahi quanto
Umano sangue un dì su lui versato
Fu dal coltel del sacerdote! O Dio,
Quando si cesserà di versar sangue
Nel santo nome tuo?
[...]

I settari sono definiti, dunque, come dei giustizieri, che si arrogano il diritto di giudicare altri e veri rei, come se essi fossero gli eredi diretti di una tradizione millenaria, a cui – in antico – non ci si poteva sottrarre. Notevole, comunque, è l'accenno alla assoluta assurdità della pretesa che la religione possa esser motivo di guerre e di uccisioni, soprattutto quella cristiana, che, pur nelle sue varie differenze confessionali, ha alla base i sentimenti universali dell'amore e della fratellanza. I Rei, d'altro canto, sono dipinti con colori misteriosi, come se il D'Agnillo volesse equipararli in qualche modo, più che alle società segrete risorgimentali, alla Massoneria[61], o addirittura ai

---

[61] Si noti che altrove il Colbert si autodefinisce "Gran Maestro/ Della setta dei rei [...]", con l'utilizzo di una terminologia massone assolutamente chiara (pur se usata per designare anche uno dei grandi ufficiali della corona e il capo della casa del re. Su questo cfr. B. BARBICHE, *Les institutions de la monarchie française à l'époque moderne, XVIIe–XVIIIe siècles*, Paris, PUF, 2001, p. 38).

famigerati "Beati Paoli" (originariamente noti con il nome di "Vendicosi"), che operarono con fini analoghi nella Sicilia medioevale e che, proprio nell'epoca in cui operò il D'Agnillo, furono oggetto di un romanzo divenuto poi quasi un libro di culto[62]. Tale ipotesi, in origine abbastanza suggestiva, viene in realtà confermata dalla filiazione diretta tra la novella di Vincenzo Linares dove per la prima volta vengono descritti i Beati Paoli e la *Setta* dagnilliana. La predetta filiazione è dimostrata – oltre che dal fatto che uno dei "vilains" si chiama Prospero come il vero padre della giovane Irene, assassinato per ordine del Balme nell'*Edmondo* – dalla presenza di alcuni termini d'uso

---

[62] Sul famosissimo romanzo di William Galt, alias Luigi Natoli, cfr. L. NATOLI, *I Beati Paoli. Grande romanzo storico siciliano* [1909], cur. U. ECO – R. LA DUCA, Palermo, Flaccovio, 2003[2] (*si tenga presente che il romanzo è ambientato nel 1713 e che l'edizione curata da Eco e La Duca vide la sua prima luce nel 1971*). Sulla setta, a parte l'introduzione di Eco (poi ripubblicata con il titolo di "I Beati Paoli e l'ideologia del romanzo popolare", in *Il superuomo di massa. Retorica e ideologia nel romanzo popolare*; Milano, Bompiani, 1978[2]), cfr. F. RENDA, *I Beati Paoli. Storia, letteratura e leggenda*. Palermo, Sellerio, 1988; e G. MONTEMAGNO, *Luigi Natoli e I Beati Paoli*. Palermo, Flaccovio, 2002. Si ricordi poi che il romanzo di Natoli era stato preceduto, circa cinquant'anni prima, da un racconto del Linares pubblicato a puntate sulla rivista palermitana "Il Vapore" nel 1836 e che, originariamente riunito in volume in *Racconti popolari*, Palermo, Tipografia di Bernardo Virzi, 1840, pp. 47 ss.gg. (da cui si cita), ora trovasi in V. LINARES, *Novelle e Racconti popolari siciliani*, cur. S. PEDONE, Palermo, Antares, 2003, pp. 23 ss.gg.

raro (vere e proprie "lectiones difficiliores") che sono riscontrabili sia nel testo del Linares che in quello del D'Agnillo e che non risultano essere usati assieme da altri autori[63]. La prova regina, però, è un'altra; si confrontino infatti le due descrizioni, rispettivamente dai *Beati Paoli*[64] e dalla *Setta* (nel D'Agnillo si tratta di

---

[63] I termini sono "gabbadeo", (nell'accezione di entrambi gli autori è un toscanismo che sta per ipocrita, ma anche ribaldo e fingitore, e cfr., ad esempio *Dizionario della Lingua Italiana. Tomo Quarto. G – M*, Bologna. MDCCCXXII. Per le Stampe de' Fratelli Masi, e Comp., "ad vocem", ma anche *Vocabolario degli accademici della Crusca. Impressione Napoletana Secondo l'Ultima di Firenze. Con la giunta di molte voci raccolte dagli autori approvati dalla stessa accademia. Tomo V.* In Napoli. MDCCXLVIII. A Spese di Giuseppe Ponzelli. Nella Stamperia di Giovanni Di Simone, "ad vocem"), che trovasi nel seguente passo della *Setta*: "[…] Ma non sotto quell'abito talare,/ Che la mamma dirìa di gabbadeo […]", e su cui cfr. LINARES, *Racconti popolari*, p. 22 ("[…] Guarda – oh il gabbadeo! […]"). L'altro termine è "sarrocchino", termine padano che indica – per usare le stesse parole del Vocabolario della Crusca – una "sorta di vestimento, che si porta da' pellegrini per coprir le spalle", (e vedi *Compendio del Vocabolario degli Accademici della Crusca Formato sulla Edizione quarta del medesimo. R – T.* In Firenze. MDCCXXXIX. Appresso Domenico Maria Manni, "ad vocem"), per cui cfr. LINARES cit. p. 23 ("[…] Un di essi accostossi viucino la casa di Costanza, avvolto in una specie di sarrocchino […]") e questa frase dagnilliana: "[…] E a che mi vieni in casa/ Con quel tuo sarrocchino, e quel cappello,/ E quei nicchi, e que' sandali ? Tu, certo,/ Non mi vieni romeo da Campostella […]". Si noti, significativamente, che entrambi i termini utilizzati dal D'Agnillo si trovano solo nella *Setta*.

[64] Cfr. LINARES, *Racconti popolari*, pp. 9 – 10.

una didascalia), dell'antro in cui si riuniscono i congiurati:

TESTO LINARES

Entra per una porticina appena alta tre palmi, che tosto gli si chiude alle spalle, mandando un fremito quasi di tomba; e un aspetto di tomba aveva il luogo dove egli entrava. Per cinque e più scaglioni di pietra scendevasi in luogo umido ed oscuro. Rimpetto sorgeva un altare con un crocifisso, sotto a cui era una lampade accesa. Un altare in una caverna! Quali occulti sagrifizii si facevano dunque? A che la presenza della Croce in un luogo sì orrendamente misterioso? Seguiva un lungo corridoio, che aveva tutt'altro aspetto, i muri erano guarniti di pugnali, archibusi, pistole, ed armi d'ogni maniera: a man destra metteva in una stanzaccia con mucchi di carta; dalla sinistra si entrava in un'altra con volta e pareti screpolate e gocciolanti acqua, con vecchi armadii allo intorno: poi un andito, poi di giravolta in giravolta riuscivasi ad un'ampia grotta, che pareva la sala destinata a riceverli. Era scavata nella viva pietra, e tutta coperta di tela nera, il che dava al luogo un aspetto tetro e spaventevole. La forma elittica della stanza offriva per tutto il giro una quantità di nicchie, a poco intervallo l'una dall'altra, e ove coloro prendevan posto armati da capo a piedi, nell'attitudine di cadaveri sparsi pei lunghi corridoi delle nostre sepolture. Erano involti in abito di stoffa nera, al modo de' ministri togati di quel tempo, e un berretto dottorale chiamato gorra copriva loro la testa. Nel mezzo era una tavola di pietra, sulla quale poggiava, sopra una base sculta in pietra, una statuetta avvolta in un mantello, avente una bilancia nella manca, e una spada nella destra, nuova foggia di figurare la giustizia senza bende, forse per dare ad intendere che quella giustizia là vedeva tutto, ed era sicura del fatto suo. Una gran lampada illuminava le volte tenebrose, e quella luce, riflessa sui loro fieri aspetti, dava alla scena la idea di un quadro fantastico, degno argomento ai terribili dipinti del Rosa. Cosi ci narrano le leggende i congressi occulti e misteriosi delle streghe in un giorno di sabato, quando posseduti dallo spirito di Satana congiurano a danno degli uomini. Nel fondo della grotta erano mucchi d'armi, di coltelli, di pistole, di daghe. Colui che faceva da Capo distinguevasi per un ampio cappello, e s'assise vicino alla tavola. Pareva il più vecchio; nondimeno i suoi occhi scintillavano come fuoco, e la pelle abbronzita e le rughe del volto, non che indicassero lassezza rivelavano un'anima non domata dagli anni, forte nel proposito e nell'esperienza. Sedeva a suo lato un segretario o cancelliere, che portava lo stesso abito nero, svolgendo molte carte posto sulla tavola. Quando tutti presero posto, successe un profondo silenzio.

TESTO D'AGNILLO

Colbert sale sul gran masso e siede. Le due Bande seggono ciascuna sopra uno dei due sedili di pietra, che in forma semicircolare, dai due estremi dell'antro dinanzi, vanno convergendo verso l'altare [...] Colbert scende in dignitoso atto dal masso; i Rei si levano da sedere, e alzano ciascuno nella destra una fiaccola che ha accesa. La Caverna è a un tratto illuminata tutta. In fondo appare la cascata. Si scovrono, usci tagliati nel masso a destra e a sinistra. L'acqua della cascata e gli stalattiti delle pareti e della volta mandano una luce tremula ed abbagliante, e trasformano la Caverna in una vasta magica sala.

Come si può notare, a parte la lunghezza, esse raffigurano un ambiente assai simile (si veda la contestuale citazione, nel testo dagnilliano, dell'altare di cui ai versi citati in precedenza), marcando dunque una sicura e verificabile ascendenza da parte del D'Agnillo nei confronti del lugubre racconto dello scrittore palermitano. Si tenga conto che il Linares mantiene una certa equidistanza tra le malefatte attribuite all'oppressivo potere viceregale spagnolo nella Sicilia settecentesca e l'estremismo integralista dei Beati Paoli, criticando velatamente la pretesa avanzata da questi ultimi di ergersi a giudici e giuria di fronte alle manchevolezze del potere, e di quello giudiziario in particolare. Il D'Agnillo, invece, non fa mancare la sua simpatia per i Rei (forse anche per una suggestione letteraria dovuta ai romanzi di Dumas, e in particolare a quel Robin Hood che – pur essendo un fuorilegge – era considerato un eroe e un salvatore dei poveri[65]).

In riferimento alla data reale di composizione della *Trilogia*, come abbiamo già anticipato in precedenza, non è possibile se non fare alcune ipotesi interpretative, che tengano conto della consistenza metrica e anche dei pochi dati filologici a nostra disposizione. Bisogna subito sottolineare come, nell'elenco delle opere conservatoci sul periodico *Eco del Sannio*, la *Trilogia* appare sia complessivamente (come seconda delle tre composte in origine dal D'Agnillo) sia

---

[65] Cfr. i due noti testi di A. DUMAS , *Le Prince des Voleurs – Robin Hood le Proscrit*, Paris, Lévy, 1872 – '73 (entrambi i volumi pubblicati un due tomi). Si tenga conto che una delle figure femminili della *Trilogia*, quella Ludovica d'Armental che il barone prende in concubinato abbandonando la moglie, ha lo stesso appellativo araldico di un personaggio di Dumas, il Cavaliere d'Harmental, che è protagonista di un romanzo da lui pubblicato nel 1842 (cfr. IBID., *Le Chevalier d'Harmental*, Bruxelles, Société Belge de Librairie, Hauman et Cie., 1842, in tre tomi, e si tenga presente anche la prima edizione francese pubblicata nello stesso anno a Parigi presso il Dumont, in quattro tomi). Per la storia e la fortuna di quest'ultimo romanzo, che nel 1896 ebbe anche una riduzione operistica da parte di Messager e Ferrier, cfr. R.S. GARNETT, "The New Dumas", in *The Academy and Literature*, 5 (1903). pp. 78 ss.gg. L'assenza di una traduzione italiana dello *Chevalier* prima del 2012 rende ragione di come l'intero corpus delle suggestioni dumasiane provenga dalle fonti originali.

– per quel che riguarda il *Claudio Vannini* – in un secondo raggruppamento dove si trovano altre opere singole, tra cui una non altrimenti nota se non con il titolo di *4 ottobre 1860 in Agnone*. Appare possibile ipotizzare che la composizione (ma forse, s'è visto, non la finale intitolazione) della terna di drammi in questione non sia molto lontana dalla data poc'anzi menzionata, anche, s'è detto, per motivazioni metriche. È infatti acclarato che la versificazione drammatica italiana postunitaria preferì indulgere al verso martelliano, piuttosto che all'endecasillabo[66], il quale venne progressivamente abbandonato quando il dramma storico cominciò a cedere il posto a quello borghese d'estrazione verista, contro cui – anche nella *Trilogia*, e con la già menzionata esaltazione dell'arte come espressione del "kalos k'agathos" – forse si scagliano indirettamente gli strali del D'Agnillo. Ed è probabile che una delle motivazioni per cui il drammaturgo agnonese si ritirò a vita privata sia da ricondurre anche alla sua consapevolezza che i drammi storici facevano ormai parte del passato e nulla avrebbe potuto resuscitarli dall'oblio, se non un'operazione editoriale evidentemente commemorativa come quella posta in essere dal Pierro nel 1897. Una delle ragioni alla

---

[66] Sulla questione, cfr. PANNUNZIO, *Pietro Saraceni* cit., pp. 91 ss.gg., con bibliografia.

base della volontaria eclissi del D'Agnillo si trova, a parer nostro, anche qui: essa può essere certamente reperita nella sua incapacità (di cui egli, all'esegeta moderno, appare perfettamente consapevole) di staccarsi dai canoni di una cultura troppo radicata negli esempi neoclassici e romantici del primo Ottocento, per evolversi invece – e vengono i mente gli esempi del Verga e del Capuana – verso un tipo di produzione diversa. Ci si riferisce a un anelito che, in campo narrativo, desse finalmente al Molise, regione di nascita del D'Agnillo, quell'autore verista che la regione non ebbe mai, e (dal punto di vista scenico) si rivolgesse al fertile terreno del dramma borghese abbandonando la tragediografia d'estrazione manzoniana e niccoliniana.

2.3. *LA NOTTE DI SAN BARTOLOMEO* DI G. GATTINELLI

Il silenzio progressivamente calato sulla figura e l'opera di Gaetano Gattinelli, se dal punto di vista della sovrapproduzione drammatica poteva avere ragion d'essere, certamente genera qualche circostanziale e giustificato dissenso, se si vogliono considerare le singole opere dell'autore di Lugo. Intendiamoci: è assolutamente evidente che i testi gattinelliani si inseriscono all'interno di quella gran congerie di tragedie liriche e di drammi storici che popolarono le scene italiane nel periodo ottocentesco; nessuno può negare questo e nessuno può mettere in dubbio la modestia complessiva di quelle "pieces". Tuttavia, in un ottica semasiologica, è possibile segnalare la presenza di elementi del tutto degni di nota in un contesto più ampio, tenendo cioè conto della situabilità storico–letteraria in piena concomitanza con il dato comparativo, a creare un ganglio di significati che possa consentire all'esegeta di sceverare i dati nascosti nel testo medesimo. Va subito rilevato che la sintomatica unicità del dramma gattinelliano sta nel fatto che egli fu uno dei pochi a mettere in scena non le solite vicende della Strage di San Bartolomeo (sia che fossero viste dal punto di vista delle "elités", sia che interessassero altre e più basse classi sociali), bensì avvenimenti conlimitanei, accaduti in un contesto diversificato e provinciale, esattamente come sarebbe accaduto – qualche anno dopo – con la *Trilogia drammatica* del D'Agnillo. Sull'interesse storico è da credere che non si possa fare questione: gli studi del Mentzer, ad esempio, hanno già fornito qualche squarcio sulle vicende della piccola nobiltà ugonotta in ambito locale, pur non chiarendo definitivamente il discorso riguardo alle diverse attinenze religiose che pure esistevano anche nelle famiglie più devote agli ideali della Riforma[67]. Il

---

[67] Cfr. R.A. MENTZER JR., *Blood and belief: family survival and confessional*

testo di Gattinelli, curiosamente, invade proprio questo settore, sicché risulta arduo sceverare in esso le istanze rivoluzionarie proprie del pensiero politico del tempo e il riferimento – ovvio e costante – a tematiche d'ambiente socialista e/o liberale di sinistra che erano assai in voga durante il Risorgimento[68]. Nostro compito, in questa sede, non sarà dunque quello di instaurare una comparazione esegetica tra il Gattinelli ed altri drammaturghi della sua epoca: la questione, al contrario, verterà sulla necessità di chiarire la mancata sintonia con le opere che trattarono d'una tematica similare, ponendo in evidenza le diverse istanze che lo animarono e trovando qualche punto di contatto con opere d'analoga estrazione prodotte oltralpe e poi trasposte (in vari e differenti modi) sulle scene nostrane. Va subito detto che il dramma in oggetto non venne rappresentato, per problematiche inerenti la censura[69],

---

identity among the provincial Huguenot nobility, West Lafayette (Ind), Purdue University Press, 1994, con bibliografia.

[68] Cfr., su questo, M. HEIDLER, L'interpretazione della storia nella letteratura del Risorgimento, diss. Universität Freiburg im Breisgau, 1976, passim; e soprattutto AA.Vv., Pensiero politico e letteratura del Risorgimento, cur. E. CAPUZZO – A. CASU – A. SABATINI, Genova, Rubettino, 2013, con amplissima bibliografia.

[69] Cfr. Il dramma gattinelliano (e citiamo le parole degli stessi censori così come riportate da Irene Piazzoni, "venne inizialmente proibito perché bastao su «polemiche religiose sconvenienti ai tempi che corrono». Su cio, cfr. PIAZZONI, Spettacolo, istituzioni e società, p. 166 e

ma fu edito qualche decennio dopo in volume, a testimonianza del fatto che l'autore lo riteneva una valida testimonianza delle proprie idee e dei propri modelli compositivi.

Gaetano Gattinelli, primogenito di Luigi – a sua volta noto attore tragico – e di Giuseppina Stanguellini, nacque a Lugo l'11 dicembre 1806 (secondo alcuni il 2 dicembre 1807). Nell'età adolescenziale, partecipò alle recite di dilettanti organizzate dal padre, e, quando quest'ultimo si dedicò al teatro professionale, lo seguì per alcuni mesi, pur con la decisa opposizione della madre, la quale voleva che egli completasse gli studi medi in un collegio di Lugo e poi che s'iscrivesse alla facoltà di diritto dell'Università di Bologna. la volontà del giovane Gaetano fu però più forte ed egli finì con il raggiungere il padre che stava recitando a Venezia nella compagnia Taddei, persuadendo il proprio genitore a fargli calcare il palcoscenico. Dopo taluni insuccessi iniziali, che lo ricondussero per qualche tempo nella natia Lugo, il ragazzo riuscì però a farsi accogliere nella compagnia di F. Lombardi, che fu per lui un ottimo maestro e sotto il quale il giovane Gattinelli ebbe le sue prime soddisfazioni in campo recitativo. Nella stagione teatrale 1830/1831 entrò in società con Giacomo Job a Roma, ma la passione politica lo spinse a interrompere

nn. 111 e 112.

il lavoro per partecipare ai moti insurrezionali del 1831: s'arruolò a Bologna, nella guardia nazionale, e fece quindi parte del corpo dei dragoni del generale C. Zucchi ad Ancona e – con G. Mastai Ferretti – a Senigallia. Dopo la repressione dei moti fu bandito, perseguito e incarcerato; recuperata la libertà, si recò dal padre, che recitava allora a Parma con la compagnia Rosa–Ventura, e riuscì a farsi scritturare col ruolo di brillante assoluto, superando l'handicap dell'aspetto accigliato e della voce un po' rauca e cercando di liberarsi delle inflessioni romagnole, che però pare conservasse ancora nella compagine del Mascherpa, con il quale lavorò quattro anni. In seguito, come caratterista, tornò con A. Rosa fino al 1842 e finalmente, nel 1844, fu chiamato a sostituire Luigi Taddei nella Compagnia reale sarda, nella quale militò per dodici anni, fino al suo scioglimento, anche quando – dopo il 1854 – essa fu privata della sovvenzione statale. Nel 1855 Gaetano partecipò ai trionfi parigini, quando, entrato in una nuova compagnia sotto la direzione di F. Righetti, si esibì alla Salle Ventadour, ottenendo critiche entusiastiche (specialmente per le sue interpretazioni ne *Il burbero benefico*, *Un curioso accidente*, *La bottega del caffè* e *La locandiera*), che egli condivise con Adelaide Ristori, Ernesto Rossi e Luigi Bellotti Bon. Al ritorno divenne socio del Rossi in una compagnia di grande qualità, di cui egli fu direttore e che, nel 1857, tenne una serie di rappresentazioni a Vienna, con straordinario successo. Il suo patriottismo gli impose una nuova interruzione della carriera per partecipare attivamente ai moti del 1859 a Lugo. Nel 1860, dopo aver lavorato brevemente con G. Pieri, fondò una propria compagnia (denominata dell'Italia Centrale), allo scopo di assecondare la passione per il teatro della figlia Antonietta, che era nata dal matrimonio con la bresciana Amalia Prina. la Compagnia dell'Italia Centrale conseguì qualche successo, specialmente a Tolentino, nelle stagioni 1862 e 1866, ma ebbe fine con il matrimonio di Antonietta. Nel 1870 Gaetano, ritiratosi definitivamente dalle scene, fu chiamato a dirigere a Firenze la Reale Accademia de' Fidenti, per la quale si occupò delle recite dei soci nel teatrino di S. Giuliano, cui talvolta partecipò di persona. Tenne poi anche dei corsi di declamazione a Roma, dove infine morì il 17 giugno 1884[70]. Come si vede, la vita di Gattinelli fu vissuta quasi in simbiosi con gli eventi risorgimentali, a cui il lughese partecipò attivamente e anche con nocumento delle proprie attività professionali. Questa adesione agli ideali del Risorgimento fu piena e partecipe, al punto che gli

---

70 Le notizie biografiche qui riportate sono desunte dal lemma "Gattinelli" di G.G. FAGIOLI VERCELLONE, in *Dizionario Biografico degli Italiani*, vol. 52 (1999), con esaustiva bibliografia.

provocò notevoli guai con la censura, anche nel periodo successivo all'Unità, perché, come già detto, i temi del teatro gattinelliano venivano giudicati scabrosi e tali da poter creare disordini e problemi all'autorità costituita, anche sotto il profilo dei rapporti diplomatici e delle relazioni con l'allora poco ospitale Stato Pontificio.

Volendo dare inizio ad un'analisi strutturale del testo gattinelliano bisogna subito sottolineare il modo in cui esso non è scritto: non è una tragedia in endecasillabi più o meno sciolti (e dunque non rientra a pieno titolo né in un'imitazione del Manzoni, né nella scia d'autori quali i gia citati Niccolini e Barattani, cui pure le anche tematiche affrontate dall'autore lughese potrebbero accostarsi); non è neppure un dramma in versi martelliani, com'era uso comporre nel periodo post'unitario e come sarà fatto – nelle estreme propagini raggiunte da questo genere d'opera – fino alla fine del secolo. Il dramma di Gattinelli è invece scritto in prosa, con una scelta che in seguitò sarà portata avanti anche dal Saraceni e da altri autori, probabilmente nel vano tentativo di gettare un ponte tra questo tipo di rappresentazioni e il nascente dramma borghese. È del tutto evidente come, volendo definire una suddivisone delle parti secondo la classica compartimentazione oppositiva bene vs. male, e tenendo conto di tutti gli attori in scena, si potrà avere questo schema:

BUONI	INCERTI	CATTIVI
1) Don Ugo Teodoro di Roano	1) Il diacono	1) L'Inquisitore
2) Il conte Paolo Valdesia	2) Il prevosto	
3) La contessa Irene	3) Il popolo	
4) I figli, Ezechiele e Gabriele	4) I soldati	
5) Il Conte di Tenda		
6) Giuditta		
7) Davide		

Al di là delle figure di contorno (che sono più o meno indistinte, pur recitando qualche battuta importante nel corso del dramma), i personaggi di qualche spessore psicologico sono dunque sette, i primi sei collocati tra i buoni, più l'Inquisitore. Si è scelto di inserire tra gli incerti (di volta in volta aiutanti del protagonista Paolo di Valdesia e dell'antagonista, l'Inquisitore) anche la massa del popolo e quella dei soldati, perché, nel primo caso, almeno una volta la folla non sembra mostrare soverchia simpatia per la causa ugonotta, e – nel secondo caso – i soldati sono totalmente fedeli al Conte di Tenda, che palesa le sue intenzioni positive soltanto alla fine. Continuando ad applicare – per comodità interpretativa – la finora utilizzata griglia di Jakobson, si potrà sottineare come, sempre di volta in volta, sia Ugo di Roano che la contessa Irene fungono da falsi aiutanti (il primo) o da aiutanti veri e propri (la seconda) del "vilain", cioè l'inquisitore, in un intreccio di ruoli che è assolutamente funzionale alle dinamiche della trama. Il dramma, va detto subito, verte centralmente su alcune affermazioni di principio, dal tenore ideologico, che sul crinale della filosofia illuminista settecentesca sdoganano il concetto di libertà religiosa come frutto di riflessioni svolte innanzitutto in ambito luterano e calvinista. Il primo dato è storico e consiste nel fatto che l'Inquisitore descrive brevemente la situazione politico–teologica della Francia, con quello che – parafrasando Carlo Ginzburg[71] – era l'occhio affinato dall'odio per le dottrine riformatrici[72]:

Tre fazioni divorano attualmente la Francia. Quella dei Poligny, dei Montmorency e dei Guisa; bisogna abbatterle tutte, e fare in modo che sulle loro rovine s'innalzi trionfante il trono e l'altare. Ecco le prime linee del piano. Un braccio ignoto e fidato la finirà col Poligny, il temuto capo degli Ugonotti, voci sparse con arte faranno credere la sua morte un colpo ardito dei Guisa, i due partiti abilmente eccitati

---

[71] L'espressione è citata dal Ginzburg in riferimento all'inquisitore francese e cacciatore di streghe Pierre de Lancre, e cfr. C. GINZBURG, *Storia notturna*, Torino, Einaudi, 1989, p. 115.

[72] Tutte le citazioni del dramma gattinelliano, ove non altrimenti detto, vengono dal già menzionato GATTINELLI, *La notte di San Bartolomeo*, cit., e vedi *supra*, la n. 3.

verranno presto alle mani, e quando il re vedrà prostrati i partiti, dissanguati nella guerra civile, determinerà, con un ultimo colpo, l'assoluto esterminio di questa setta di riformisti [...]. Settantamila dei nostri nel cuore della notte, ripetendo per più santa causa l'esempio dei vespri siciliani, piomberanno in un sol punto sui miscredenti, e usando più che la spada, il pugnale, soffocheranno nel sangue l'eresia, e assicureranno il trionfo della legittimità e e della chiesa.

Questa dichiarazione d'intenti non è che una tesi, l'esposizione della quale verrà dimostrata praticamente, ma al contempo confutata a livello religioso, nel corso dello svolgimento del dramma. All'Inquisitore, che la pronuncia, si oppone – prima sotterraneamente, poi, dopo esser diventato vescovo, a gola spiegata – il personaggio di Ugo Teodoro di Roano. Costui vien detto giungere da non meglio precisate "missioni in America", e non ne viene definito più precisamente lo "status" di religioso: è un frate, d'accordo, ma di quale ordine? Tenendo presente la sua provenienza, andrebbe ipotizzato che egli fosse un gesuita, forse facente parte – vista la tarda età – di quella missione che, sotto la guida del padre Manuel da Nóbrega, attraversò l'Oceano Atlantico, prendendo la direzione del Brasile. Questi missionari avevano lo scopo di realizzare il sogno evangelizzatore già preconizzato dallo stesso Ignazio di

Loyola, sogno che essi cercarono di realizzare proprio creando le cosiddette "riduzioni", dove veniva praticata una forma di cristianesimo militante ed egualitario, scevro dei vizi e degli aspetti negativi che caratterizzavano il cattolicesimo europeo[73]. Detto questo, è piuttosto facile capire che don Ugo non poteva che essere un gesuita d'estrazione latinoamericana, perché le sue affermazioni libertarie e legate a una forma di solidarietà umana che travalicasse le diffetrenze tra gli individui (in questo caso confessionali) sembra richiamare proprio l'anelito antirazzista presente nelle "riducciones" paraguaiane, dove qualcuno ha voluto vedere l'antecedente di un comunitarismo di matrice socialista, non alieno da quelle che erano state le teorizzazioni utopiche del

---

[73] Le riduzioni gesuite, note anche come "reducciones", erano piccoli nuclei cittadini in cui erano strutturate le missioni gesuitiche, soprattutto nel Paraguay ma anche in Ecuador, Nuova Granada e Cile. In esse si concretizzò la strategia missionaria della Compagnia di Gesù, consistente nella realizzazione di centri per l'evangelizzazione delle popolazioni indigene dell'America meridionale (detti appunto "reducciones de indios", dal nome che presero questi villaggi indigeni organizzati e amministrati dagli stessi gesuiti nel continente sudamericano). Il fine che i gesuiti si prefiggevano era di civilizzare ed evangelizzare le popolazioni autoctone, ma era anche prevista la fondazione di collegi e conventi. Su tali questioni, cfr., ad esempio, A. ARMANI, *Città di Dio e Città del sole. Lo Stato gesuita dei Guarani (1609-1768)*, Roma, Studium, 1977.

Campanella. All'inizio, Ugo di Roano mantiene una posizione ondeggiante. Sentiamo quello che dice ai suoi nipoti e al fratello durante la prigionia, in relazione al volume contenente scritti eretici realizzato proprio da Paolo di Valdesia:

E speri con esso illuminare le genti? Povero illuso! Il volgo non discute e non pensa. Pensano i sacerdoti per lui: pei sacerdoti e la scienza! Egli non la comprende e la venera. Lascia che a tempi più maturi sia diffusa la luce; oggi s'irriderebbero i popoli. Abbrucia da te stesso quelle carte che minano le fondamenta del tempio d'oro. Se non tu, fa almeno che i tuoi figli seguano il culto materno; e se è tanto in loro l'amore della dottrina evangelica, vi sono anche fra noi sacerdoti...

"Vi sono anche fra noi sacerdoti...": si sente qui pulsare l'anima del gesuita del Guaranì, che cerca di far comprendere al traviato fratello come anche nell'ambito del cattolicesimo possano esistere correnti di pensiero e di azione che portino avanti le idee di libertà ed uguaglianza, esattamente come quelle predicate dal movimento monastico a cui s'è fatto riferimento. La misericordia, la carità e il senso di umana fratellanza che sovrasta tutti i viventi è il cardine del pensiero a cui ha attinto Ugo. Di fronte alle losche mene e alla sete di sangue dell'Inquisitore, Ugo risponderà:

E sempre invocate Iddio, quando meditate iniquità, cessate una volta dal bestemmiare il suo nome; cessate dall'oltraggiare la Divinità col farla complice dell'ire vostre spietate. Cristo perdonò dal Calvario. Cristo, insegnò la clemenza e nel suo Nome Santissimo io disciolgo questi sventurati e li accolgo.

L'uso del nome di Dio per coprire i più nefandi delitti viene qui stigmatizzato con forza, ma soprattutto con uno spirito polemico che sembra ricordare il giansenismo manzoniano. E manzoniano, rimembrante le parole del Cardinal Borromeo nei *Promessi Sposi*, appare questo vivace assunto che Ugo prepone alla sua nuova attività episcopale:

Io promisi al supremo Fattore che chiamato all'augusto Ministero dedicherò la mia vita a sollevare l'umanità sofferente, ad asciugare le lagrime degl'infelici, ad incoraggiare con l'esempio della virtù. Questa e non altra è la missione di un vescovo sulla terra.

La missione del vescovo è quella di dare pace, di sanare le sofferenze, di consolare le afflizioni di un mondo in cui invece le controversie religiose avevano finito con il diventare un veleno inarrestabile, un virus letale che portava soltanto violenza. Il vescovo, dunque, si inserisce – con queste teorie egualitarie e pacifiche – all'interno di un dibattito ben noto, una diatriba tutta giocata tra ideologia e teologia che caratterizzò gran parte delle teorie religiose e politiche in voga tra i riformatori francesi del periodo[74]. Secondo Ugo, è d'uopo che "la chiesa la chiesa rivendichi il sublime suo titolo, torni madre dei popoli, e non ancella dei despoti". Egli, quindi, si pone stranamente non come difensore dell'ordine costituito, ma come rispettoso seguace d'una più alta legge, quella dell'umanità. Per Ugo Teodoro di Roano, gli ordini delle pretese autorità civili ed ecclesiastiche

pur troppo si eseguiscono tardi quando conducono al vantaggio dei popoli, e con la prestezza del fulmine quando comandano un delitto. Un delirio della corte romana è secondato da un controsenso francese, si commette la esecuzione di un orribile decreto, che nella sua assurdità deve respingersi da ognuno che sente di meritare il nome di cittadino, di cristiano, di prete, e di soldato d'onore.

---

[74] Cfr. ad esempipo, su questo, S. TESTONI BINETTI, *Il pensiero politico ugonotto: dallo studio della storia all'idea di contratto 1572-1579*, Firenze, Centro Editoriale Toscano, 2002.

e più oltre:

Questa ò la logica della coscienza, la quale insegna che l'uomo nasce cittadino e non suddito, che cessano i monarchi e restano i popoli, che le dinastie si consumano, ma rimangono le nazioni, e che per servire ad uomo non deve tradirsi la patria. Carlo IX re quadrilustre ordina ai prelati sessagenari, ai prodi generali d'armata di sgozzare in poche ore centomila compatrioti; noi l'ubbidiremo alla cieca?... E se fra questi vi fosse un padre, un figlio, un fratello, il ferro del figlio, del fratello, del padre, dovrebbe troncar loro la vita. L'umanità ha diritti più sacrosanti di quelli di un assoluto monarca, e se questi giuoca a capriccio la vita dei suoi connazionali, noi con una pietosa dissobedienza risparmieremo un delitto ad un sovrano, una vergogna alla patria, una pagina luttuosa nella storia. [...] La chiesa rivendichi il sublime suo titolo, torni madre dei popoli, e non ancella dei despoti.

Ancor più cogente, a tal proposito, si staglia la figura del già citato Paolo di Valdesia (e non a caso nel "cognomen" viene chiaramente riecheggiata la religione pauperistica di Pietro Valdo, che tante persecuzioni ebbe a conoscere nel Piemonte savoiardo almeno fino a tutto il periodo illuminista[75]): costui, per il quale "la

---

[75] Cfr., su questo, E. DE AMICIS, *Alle porte d'Italia* [1884], cur. L. TAMBURINI, Torino, Il Punto, 2003, pp. 183 ss.gg.

Bibbia [...] è il primo libro dell'universo", si dimostra disposto anche ad abbandonare le sue prerogative di nobile, sostenendo calvinisticamente che "l'infingardaggine è maledetta da Dio: chi non lavora, non ha diritto alla vita". Anche per Paolo la via migliore sarebbe quella di fuggire in America, dove egli pensa – forse in modo non del tutto realistisco[76] – si possano creare le condizioni per la creazione di quella "repubblica di santi" che era stata preconizzata da tanti seguaci della Riforma. Egli sostiene che

[...] le idee pure di libertà e religione come le detta la natura, e Cristo le promulgò nell'interesse del popolo, non possono fecondare che sopra una terra vergine, non contaminata dall'ambizione, dall'egoismo; dall'oro; non deturpata dall'interesse di casta, dai privilegi di nascita. Perchè qui allignassero le massime non adulterate del Vangelo sarebbe d'uopo che una nuova Francia sorgesse. Non vi sarà mai libertà vera presso un popolo che si contende un titolo, si contrasta un impiego, si vende per un collare Cavalleresco.

---

[76] Non è pensabile che Paolo, in questo caso particolare, voglia riferirsi all'America Latina, bensì a quella del nord. Sulla presenza degli ugonotti nel continente americano si segnalano F. LESTRINGANT, *Le huguenot et le sauvage: l'Amerique et la controverse coloniale, en France, au temps des Guerres de Religion (1555-1589)*, Paris, Aux Amateurs de Livres, 1990; e J. BUTLER, *The Huguenots in America: a refugee people in new world society*, Cambridge-London, HUP, 1983

[...] Il popolo romano disprezzava tali cose e fu grande. La libertà quando si estingueva sul Tevere, si predicava dal Nazareno alle genti, che moriva sulla croce per lei.

Una posizione, se vogliamo, residuale rispetto a certe pulsioni che furono proprie dei filosofi del Secolo dei Lumi e che non a caso il Gattinelli pone in bocca a un calvinista, quasi volesse trovare un diretto legame tra i sistemi filosofici settecenteschi e le idee professate dall'intellettualità ugonotta dell'epoca in cui vien fatto agire il semi–martire Paolo. A questo proposito, e di sfuggita, sarà bene chiarire che idee martiriali o martirologiche circolarono anche fra le schiere degli ugonotti, ben rendendosi conto questi ultimi di trovarsi – nella Francia di quel periodo – in una posizione di sostanziale inferiorità rispetto ai cattolici[77]. Alle esortazioni a tornare nel cattolicesimo, Paolo risponderà al fratello, a nome anche dei suoi figli, con queste decise parole:

Abbiamo più fede di voi, ma ripudiamo le vostre cavillose ambizioni, l'insubordinazione ai governi, e l'abusato potere di

---

[77] Sulla questione, cfr. D.E. KENZ, *Les bûchers du roi: la culture protestante des martyrs: (1523-1572)*, Seyssel, Champ Vallon, 1997. altrove il Valdesia dirà: "[...] Figli, a voi e consacrata ormai la mia vita. Inferno o paradiso io non lo abiterò, che con voi [...]", con una viosione ancor più solenne e retorica.

chi vorrebbe trasmutare l'eterna città nella Babilonia dei profeti.

E in seguito, proprio nell'ottica del supremo sacrificio di cui s'è detto poc'anzi, egli dirà di aspettarsi di andare "al rogo, e vi sono preparato. Dio e libertà: spirerò con queste frasi sul labbro". Nel proporre la scelta di cambiar religione ai suoi figli, il Valdesia – con soggettiva descrizione – contrapporrà anche la santità del sacerdozio ad una convinta scelta di fede:

Figli, la missione del sacerdote è bella, nobile e santa. Dessi sono celibi, e vivono esenti dalle fatiche; i nostri padri di famiglia dividono il lavoro col popolo, e non vagheggiano privilegi e ricchezze. Fra quelli l'ozio e la grandezza, fra noi semplici vestimenta, cura spirituale delle anime; con essi stanno gli onori, con noi l'oppressione ed il rogo. Specchiatevi e scegliete.

Il padre non è oggettivo, è vero, ma la contrapposizione operata, che si muove sempre nel segno dei diagrammi dialettici propri del dramma storico, ha in sé qualcosa di politico, o meglio, di pre-politico. Da un lato, la libertà religiosa rappresentata dal riformismo di matrice luterana (a parole, ché lo stesso Lutero fece soffocare nel sangue la rivolta di Muntzer e i puritani d'America – parafrasando Luraghi – adottarono la democrazia solo internamente[78]); dall'altro, l'oscurantismo e il dispotismo, di cui la Chiesa cattolica sarebbe il corifeo e che si disporrebbe come l'ostacolo più insormontabile e intollerabile ad una vera pacificazione che preveda un livellamento delle condizioni sociali degli individui. Roma, dunque (ma anche la Francia, che per Paolo è "soggiorno di tiranni e di schiavi") non può più rappresentare, come capitale della cristianità, quella Gerusalemme celeste che qualcuno pure aveva preconizzato:

Finchè a Roma regnano i giudici di Arnaldo e di Galileo, finche sarà delitto la libertà, io non vedrò il Vaticano. A Roma ti condurrò quando da quel Sinai italiano si benedirà la vera morale del Redentore, e ciò avverrà, ne son certo.

L'attesa messianica palese nelle parole di Paolo di Valdesia ha una sua precipua ragione: egli "ripudi[a] quel mistico accoppiamento che unisce il pastorale alla spada, e intreccia la corona di spine alla corona dei despoti", e dunque rifiuta l'unione del potere temporale con quello spirituale, in ciò affermando non solo un ideale proprio del Risorgimento nostrano, ma una teoria

---

[78] Cfr. R. LURAGHI, *Storia della Guerra Civile americana*, 2 voll., Milano, Rizzoli, 1998[2], in partl vol. I, p. 23.

politica che aveva trovato i suoi sostenitori già in epoca medioevale (basti pensare, con un esempio ovvio, al Dante dei due soli nel *De Monarchia*). Notevole è, in un discorso del genere, far notare come l'impeto patriottico del Gattinelli non venga mai meno. Le idee libertarie, che parrebbero desunte da un manuale di mazzinianesimo "ad usum delphini", sono alla fine temperate dall'avanzarsi della figura del Conte di Tenda. Leggiamo queste significative parole pronunciate nel finale:

Sappia il ministro, sappia la corte, sappia il re che fra le genti da me capitanate armeggiano tutti soldati di cuore e non un solo assassino. Sappiano che piuttosto inveire contro cittadini non armati che dei loro dritti, non difesi che dalla propria innocenza, io preferisco spezzare la mia spada; e sappiano infine che io Claudio di Savoia, conte di Tenda, non ho venduto il mio braccio ai tiranni, e che in mezzo a tante regie menzogne, un figlio di Savoia, un italiano non si macchierà di spergiuro.

Il "figlio di Savoia" è un nobiluomo tutto d'un pezzo, un uomo d'arme coraggioso e fedele ai valori eterni della giustizia e della cavalleria, ben diverso dai governanti d'oltralpe almeno come sono descritti dal Gattinelli. Il Conte di Tenda è italiano e – con la sua spiccata e coraggiosa "gentilhommerie" – sembra perfino richiamare, agli occhi dello studioso di cose salgariane, l'immagine immortale di Emilio, signore di Ventimiglia, Valpenta e Roccabruna, protagonista del *Corsaro Nero*, un romanzo d'avventura ambientato in epoche non lontane da questa[79]:

– Voi siete un valoroso, – disse, salutando l'avversario. – Voi non volevate cedere la vostra arma: ora io me la prendo, ma vi lascio la vita. Il castigliano era rimasto immobile col più profondo stupore scolpito in viso. Gli sembrava forse impossibile di trovarsi ancora vivo. Ad un tratto fece rapidamente due passi innanzi e tese la destra al Corsaro, dicendo: – I miei compatrioti dicono che i filibustieri sono uomini senza fede, senza legge, dediti solamente al ladronaggio di mare; io posso ora dire come fra costoro si trovano anche dei valorosi, che in fatto di cavalleria e di generosità possono dare dei punti ai più compiti gentiluomini d'Europa. Signor cavaliere, ecco la mia mano: grazie!... Il Corsaro gliela strinse cordialmente, poi raccogliendo la spada caduta e porgendola al conte rispose: – Conservate la vostra arma, signore; a me basta che voi mi promettiate di non adoperarla, fino a domani, contro di noi.

---

[79] Cfr. E. SALGARI, *Tutte le avventure dei corsari*, cur. S. Campailla, Roma, Newton Compton, 2012, p. 57 (il romanzo salgariano in questione fu pubblicato per la prima volta nel 1898).

Le figure femminili che popolano il dramma, invece, non sono tratteggiate con i colori del coraggio. Irene, moglie di Paolo, è vista come una donna ondeggiante tra la fedeltà al marito (di cui essa è profondamente innamorata) e il timoroso rispetto della propria fede cattolica, cosa questa che la farà cadere in un infame tranello – poi reso nullo dalla sagacia di Paolo – che le era stato teso dall'Inquisitore. Essa è però anche una donna che ben si rende conto delle problematiche ambientali in cui la sua famiglia si trova ad agire:

Le sventure procedono tutte da codesta discordia religiosa che mi parrebbe tempo di vedere una bella volta cessata. Io mi vanto cristiana, rispetto Dio e amo il prossimo, ma non amo né punto né poco quei bigottoni, quei collitorti, che fanno della chiesa un mercato, predicano la carità, e non la esercitano punto.

Si legga poi questo passo esemplificativo, in cui l'amore di madre si contrappone, in qualche modo, alla protervia dell'Inquisitore, che non può comprenderlo perché non genitore e che vorrebbe spingerla a far convertire i figli e spedirli in un convento:

No, io li riconosco irremovibili nel loro proposito: è vano sperare che la loro fede vacilli. Combatte in me l'amore di madre, e l'obbedienza alla chiesa. Oh! se il sacerdote conoscesse cos'è affetto di famiglia, si formerebbe più giusta idea della società, ne cercherebbe di lacerarla in tal guisa, E voi, o padre, compatite a quest'angoscia mortale, compatite una creatura infelice che non ha forza e coraggio di strapparsi i figli dal seno e condannarli malgrado loro ad un chiostro.

Nel discorso di Irene viene toccato, tangenzialmente, il problema del celibato dei preti, che fu un vero e proprio "punctum dolens" non solo in epoca luterana, ma che ebbe i suoi riflessi polemici anche nel periodo successivo alla Rivoluzione francese e all'avvento del liberalismo politico militante[80].

Per parte sua, invece, Giuditta si presenta come una sorta di servetta, una Perpetua manzoniana al pari di quelle che, in maggior misura, si trovano nel teatro europeo tra Seicento e Ottocento, ed è caratterizzata per un sano buonsenso contadino che la fa definire dall'Inquisitore una "volpe finissima", dotata di una buona dose di "miscredenza" e sempre assolutamente fedele alla padrona, a cui dispensa sempre buonissimi e non seguiti consigli.

---

[80] Su tali questioni, cfr. ad esempio A. PELLICCIARI, *Risorgimento anticattolico*, Casale Monferrato (AL), Piemme, 2004, *passim*.

Dalla parte dei malvagi, non può non essere segnalato l'Inquisitore, in parte modellato sulla simile figura di padre Bruno del dramma giottiano. Costui, parente alla lontana dei Roano, vera e propria figura luciferina nella sua protervia, è un fanatico della peggiore specie, anteponendo al valore salvifico della religione cristiana come elemento regolato dal perdono e dall'incomprensione, una medievistica e satanica intolleranza verso chiunque non rispetti l'ordine costituito e/o tenti di sovvertirlo con dottrine ritenute erronee. Un primo saggio di questo atteggiamento, del tutto prono a quelli che oggi si chiamerebbero appunto "poteri forti", l'Inquisitore lo offre sin dall'inizio, quando la sua totale mancanza di acume lo spinge a non comprendere che Ugo in realtà è un avversario e a caldeggiarne addirittura la nomina a vescovo. Riferendosi agli scritti eretici di Paolo, ma soprattutto all'amore familiare che impedirebbe alla moglie di denunciare il marito al supremo tribunale ecclesiastico, lo zelante figuro sostiene che

Dal Tribunale di penitenza cerco ammonirla sovente, e fiaccare quell'intollerante suo spirito, ma l'amore di famiglia è prepotente in costei... e temo che al punto di toglierle il marito e i figli... [...] Il conte e cosi tenace riformista, che se restasse in vita non lascerebbe più in Francia alcun vestigio della influenza e del potere che vi esercita la curia romana. Il fanatico scritto che sparge tanto veleno su noi è l'opera della infernale sua penna... ed io non posso ancora ottenerlo! Tentai, ma inutilmente, sin qui la timorata contessa... tuttavia non dispero averne o tardi o tosto il segreto. Intanto bisogna staccarla dai figli, e porli sotto la direzione di un sacerdote onesto e fidato.

Come si vede, il tentativo del Gattinelli è chiaro: far apparire i devoti delle corti inquisitoriali come del tutto privi di sentimenti d'umanità, al punto da separare la madre dai figli onde essi vengano educati al rispetto di quella che tali personaggi ritengono essere la vera fede. Il riverbero anticattolico è qui assai truce ed è probabilmente anche un riflesso delle persecuzioni che i patrioti, nell'epoca risorgimentale, avevano patito anche da parte delle autorità del Santo Uffizio (nonché, ovviamente, da parte della burocrazia e della polizia pontificia). Riferendosi poi a Ugo di Roano (ma non rendendosi conto, stoltamente, che sotto le mentite spoglie del Vicario episcopale si nasconde proprio lui), l'Inquisitore arriverà a dire che

egli è uno di quei preti più dannosi alla nostra fede, che gli stessi Ugonotti; uno di coloro che si credono autorizzati a discolparsi dalla interpretazione che diamo noi al vangelo...

infine uno di quei sediziosi che vedrei volentieri bruciato nella tomba di Calvino.

Assoluta incomprensione delle istanze altrui, dunque, con un oscurantismo morale che il Gattinelli tratteggia a tinte assolutamente fosche. Per l'Inquistore, con un'esagerazione davvero "et pour cause", la Francia sarebbe

[m]eglio spopolarla, che perderla. Si racchiude nello spirito delle riforme un seme pericoloso che appoggiandosi sulla parola del Redentore, vuole inaugurare sui popoli la fraternità e l'eguaglianza.

E se il re Carlo IX per Ugo è "debole, giovine, irresoluto", l'Inquisitore, con il sostenere che egli "fiutando il sangue acquisterà forza e fermezza", ha già pronta una terribile medicina. Del resto, riferendosi proprio al Tribunale dell'Inquisizione, egli dirà che "il nostro tribunale giudica e non discute, il suo giudizio non erra", in modo da rappresentarne l'insindacabilità e l'infallibilità come un'arma rivolta verso tutti quei dissenzienti che non volessero piegarsi al suo volere. Ascoltiamo cosa l'Inquisitore pensi della "Dottrina dei Popoli", l'opera scritta dal Valdesia per sostenere le proprie ragioni politico–teologiche:

[...] per sollevare la vostra coscienza, fu Iddio che per bocca di quest'umile servo v'impose di rintracciare e consegnare in mie mani quello scritto infernale tracciato dalla penna di Paolo. Quella velenosa diatriba offende il cielo, i savi, i Ministri, e i monarchi che siedono per dritto divino a reggitori di popoli. Quell'opera fu condannata da Roma [...].

Le parole "diritto divino" sono illuminanti, perché – nell'ottica degli ideali sorti dalla Rivoluzione del 1789 – fanno comprendere benissimo quali siano gli intenti del Gattinelli: egli vuole dare un sotterraneo giudizio sulla mancanza di basi reali dell'assolutismo, mancanza che è talmente palese da necessitare la sopressione fisica di quelle opere che la contrastino e la contraddicano. Del resto, la polemica contro l'assolutismo, nell'Italia post–unitaria dello Statuto Albertino, era argomento facile, non revocabile in dubbio dalla pur attenta censura sabauda (e infatti non fu il motivo principale della proibizione del dramma dalle scene). Eppure, non è questa la sola negatività insita nell'agire dell'Inquisitore. S'è già detto del tranello infame in cui egli fa cadere Irene, con parole capziose di cui è bene avere un'idea:

Figlia... perchè il celeste Spirito possa scendere ad illuminarvi, accostatevi al nostro tribunale più spesso, o tremate che stanco l'Eterno di attendervi, vi condanni irremisibilmente alle fiamme.

e Irene risponde, supplichevole:

Padre, toglietemi dall'agonia che mi opprime; le vostre parole mi scendono come un ferro rovente nel più profondo del cuore; accordatemi il perdono. [...] Voi potete intercederlo.

La scena, in cui è mostrata tutta la capziosa violenza del prelato e – per contro – la colpevole arrendevolezza della donna, si conclude (prima che il manoscritto di Paolo venga bruciato) con un'affermazione quasi incongrua, secondo cui "è sacra la proprietà dell'ingegno": sembrerebbe qui essere vagheggiata qualche polemica di tipo editoriale? Non è possibile dirlo, vista anche l'assenza del manoscritto originale, ma tuttavia va ricordato ancora una volta che il dramma di Gattinelli non calcò le scene italiane per merito (se così si può dire) della censura e dunque nella frase di Irene potrebbe esserci una voluta stilettata contro chi ne aveva impedito la rappresentazione. E sono significative le parole del Valdesia, dopo l'affermazione insultante ed errata dell'ignorante Inquisitore secondo cui la distruzione del manoscritto sarebbe una sorta di sacrificio d'Abramo, con il quale "finalmente fu liberata l'umanità dal pericolo d'uno scisma novello. La dottrina del popolo non è che un mucchio di cenere[…]":

Non bestemmiare colui che e più santo che tu non pensi. Tu distruggesti il manoscritto, ma duemila di quegli esemplari stampati in Olanda già circolano in Europa a diffondere quella luce, che tu e gl'infami tuoi pari vorreste spenta nel mondo! Or va!

La citazione dell'Olanda è comprensibile. In quella nazione, infatti, la tolleranza religiosa era assai più pronunciata che altrove ed essa fu anche il luogo dove si rifugiarono numerose famiglie ugonotte scampate alle stragi dell'agosto 1572[81]. L'intolleranza più feroce, invece, è il dato che definisce meglio il carattere che Gattinelli vuol dare a questa crudele figura. Leggiamo, ad esempio, la servizievole e quasi allegra spensieratezza con cui l'Inquisitore, all'inizio della scena conclusiva, appresta i suoi famigli alla strage

---

[81] Cfr., su ciò, H.P.H. NUSTELING, "The Netherlands and Huguenots émigrés" , in AA.Vv., *La Révocation de l'Édit de Nantes et les Provinces-Unies, 1685: Colloque international du tricentenaire, Leyde, Avril 1 – 3, 1985*, cur. J. A. H. BOTS – G.H.M. POSTHUMUS MEYJES, Amsterdam, Apa Holland University Press, 1986, pp. 17 – 34 (ma l'intero volume è assolutamente degno di nota per la problematica in questione).

imminente:

Perlochè siamo in debito di discutere, senza por tempo in mezzo, non già la sostanza dell'ordine, che è assoluto, ma sibbene il modo di prontamente eseguirlo. Signor conte, la guarnigione e già in armi?... [...] Tutti i famigli dell'Inquisizione son pronti, ed ardono di santo zelo per dimostrare coi fatti la devozione al re e la riverenza a Roma. Io non dubito che la instancabile operosità di vostra eccellenza non abbia di già ordinato al clero di ascendere il pergamo per incoraggiare i diocesani all'impresa meritoria, cui li chiama la chiesa.

In seguito, coerentemente con la sua posizione faziosa e settaria, l'invasato religioso lancia uno strale contro il Conte di Tenda, che giustamente non vuole eseguire il sanguinario ordine del re ("[...] da quando in qua si permette di ragionare ai soldati? La disciplina e la vita delle milizie, e queste debbono ciecamente ubbidire [...]"). Anche a una considerazione superficiale di queste affermazioni, sembra di sentire, con sessant'anni d'anticipo, le parole attraverso le quali si nutriva la folle logica degli scherani di Hitler, in una finale dimostrazione – "apres le coup" – che l'arendtiana banalità del male albergava anche in epoche diverse dal primo Novecento. Sorprendente, per contro, appare il già citato rifiuto messo in atto dal Conte, quasi a voler significare – anche qui in anticipo sui tempi – che a un ordine genocida si può e si deve disobbedire: qui palpita ancora una volta un profondo ardore democratico, che si rivela nuovamente, pur nel terminale martirio del vescovo Ugo (avvelenato, "novello Caino" dallo stesso fratello), il marchio di fabbrica imposto dal Gattinelli al suo dramma in tutta la sua interezza.

3. UN TESSUTO COMPOSITO: MERIMÉE, SCRIBE E I TRADUTTORI ITALIANI

Prima che in Italia (e per converso a far da indubbio richiamo ed ispirazione per i letterati nostri), la tematica ugonotta aveva avuto oltralpe alcuni sceneggiatori d'indubbio valore. Facendo astrazione per il Dumas padre, cui le vicende di Margherita di Valois avrebbero ispirato la *Reine Margot* del 1845[82], non è

---

[82] Per l'edizione originale, cfr. A. DUMAS, *La Reine Margot*, 6 voll., Paris, Gamier Frères, 1845. Per la prima traduzione italiana vedi *La regina Margot, ossia La notte di S. Bartolomeo in Francia: romanzo storico di Alessandro Dumas; versione del prof. Ercole Marenesi*, Milano, F. Sanvito, 1861. La trama del romanzo dumasiano è tutta giocata tra gli intrighi alla corte di Francia che coinvolgono il Re Carlo IX, la regina madre Caterina de' Medici, il fratello Duca d'Angiò e la potente e cattolicissima famiglia Guisa, Enrico, re di Navarra, capo degli ugonotti, sposa la bella e coltissima Margherita di Valois, chiamata "Margot" dal fratello Carlo IX. Il tutto fa parte di una trappola per

possibile non citare l'antecedente *Chronique du Regne de Charles IX*, pubblicato nel 1829. Il problema più arduo da affrontare, infatti, non concerne la complessa rete di relazioni che intercorre tra quest'ultimo testo e la riduzione melodrammatica che ne fece lo Scribe (e che poi fu musicata dal Meyerbeer), ma dalle connessioni e dalle differenze tra le varie versioni italiane dello stesso libretto dello Scribe[83], il quale – infine – ebbe addirittura

---

attirare gli ugonotti a Parigi e sterminarli in quella che passerà alla storia come notte di San Bartolomeo, ma Carlo IX si affezionerà a Enrico e, la fatidica notte, gli salverà la vita. Veri protagonisti del romanzo sono però due amici, un francese ugonotto che diverrà anche amante della bella Margot e un cattolico piemontese che nella famosa notte cercheranno di ammazzarsi a vicenda e poi, nel corso di una forzata convalescenza comune, diverranno amici per la pelle fino al tragico epilogo.

[83] Tre sono le più importanti versioni italiane ottocentesche del testo di Scribe: quella P. Perego del 1856, una seconda – più conosciuta – del compositore veneto M. Marcello (1836), una terza, collaterale, scritta da M. Maggioni (1848). Va rilevato che sistono anche altre versioni, ma che queste sono le più conosciute e le più utilizzate in ambito teatrale, almeno nel secolo decimonono (e su tale questione cfr. M. BEGHELLI, *La retorica del rituale nel melodramma ottocentesco*, Parma, INSV, 2003, p. 281, n. 25). Sul Perego, giornalista d'epoca risorgimentale assai discusso per il suo preteso austriacantismo, cfr. ora G. ALBERGONI, *Il patriota traditore. politica e letteratura nella biografia del "famigerato" Pietro Perego*, Milano, FrancoAngeli, 2009; sul Marcello, compositore e librettista veneto vicino ad ambienti patriottici e collaboratore del Mercadante, cfr., genericamente, AA.VV., *Ponton Paquaro, Marcelliano Marcello, paesaggi sonori e storia nella*

una versione narrativa per opera del Mariani[84]. Per quel
che riguarda la trama del romanzo di Merimée, in esso
viene narrata la storia di un giovane ugonotto che
raggiunge Parigi durante una delle brevi tregue tra una
guerra di religione e l'altra, per mettersi al servizio
dell'ammiraglio Coligny, capo della sua fazione. Qui
incontra il fratello, che non vedeva da anni perché

---

comunità lupatotina, cur. R. FACCI, S. Giovanni Lupatoto (VR), Comune
di S. Giovanni Lupatoto, 2003, e G. DI LEONARDO - G. DI ILIO, La
Leggenda Svelata. La Serenata, Leggenda Valacca, di Gaetano Braga. Fonte
letteraria, titolo e successo, Bologna, Bongiovanni, 2012, passim.
Manfredo Maggioni, amico italo-inglese di Verdi, fu anch'egli
librettista e tradusse dal francese in italiano molte opere di
compositori d'oltralpe. Su di lui, cfr. C. FRIGAU MANNING, Écriture,
édition, traductions à lire et à chanter: les activités multiples de Manfredo
Maggioni, staff librettist à Londres, in AA.VV., Le livret d'opéra, œuvre
littéraire?, cur. F. DECROISETTE, Saint Denis, Presses Universitaires de
Vincennes, 2011, pp. 47 ss.gg.
[84] Per tale volume, del tutto trascurabile, vedi M. MARIANI, Gli
ugonotti: romanzo storico popolare, Milano, Natale Tommasi, 1891. Si
contano due riedizioni, la prima presso Cesare Cioffi (Milano, 1905); la
seconda, in forma anonima e intitolata più arcaicamente Gli Ugunotti,
presso l'editore Bietti (Milano, 1910). Si noti che questo Mario Mariani,
scrittore di romanzi popolari dalla facile vena alla fine dell'Ottocento,
non va assolutamente confuso con il più famoso omonimo che scrisse
testi di tono anarchico e di denuncia sociale all'inizio del secolo
successivo (e per il quale vedi ora E. TIOZZO, Il poema di un'idea:
sovversivismo e critica della società borghese nell'opera di Mario Mariani,
Roma, Aracne, 2007, con bibliografia. Ringraziamo il professor Tiozzo
per averci segnalato l'omonimia).

convertitosi al cattolicesimo: quest'ultimo, di cui si erano perse le tracce durante una delle varie guerre del tempo, si era messo al servizio del re Carlo IX ed era diventato ufficiale dell'esercito. Il giovane Mergy viene dunque introdotto alla vita ed alle dissolutezze della corte, pur conservando caparbiamente la propria fede, anche contro la propria amante, una contessa di cui è innamoratissimo, che fa di tutto per convertirlo e che riesce infine a sedurre togliendola ad un altro cavaliere. Affascinante è la scena in cui Merimée descrive il duello che ne consegue e nella quale Mergy uccide il suo rivale (salvandosi da morte certa anche grazie a un reliquiario donato dalla contessa medesima). Accanto al questo personaggio, un idealista schiavo d'amore che si rende anche protagonista d'una rocambolesca fuga travestito da frate e che viene costretto al famoso "ego te baptizo piscem"[85] da una soldataglia ubriaca, qualche interesse desta il vero eroe tragico della vicenda, il fratello maggiore. Costui è al tempo stesso ragionevole ed ateo, al punto che, per una stupida questione d'orgoglio, e pur giungendo ad abbandonare la chiesa riformata,

---

[85] Gli antichi vescovi usavano questa formula per trasformare la carne in pesce e consentire ai propri fedeli di rispettare la regola di mangiare di magro di venerdì anche quando non c'era pescato da consumare. I buoni cristiani sapevano bene che la carne battezzata pesce rimaneva carne, ma si fidavano dell'autorità dei vescovi che trasformava una bugia in verità incontestabile.

rifiuterà sul letto di morte i conforti dei due religiosi che si contendono la sua anima. Costui è il vero testimone del massacro, a differenza dell'altro che si salverà la pelle nascondendosi in casa della donna amata. Il testo del Merimée vorrebbe configurarsi come una riflessione sul fanatismo religioso, dell'una e dell'altra fazione, nonché sui motivi molto più prosaici che spingevano il Re ora a parteggiare per gli uni, ora gli altri; ma esso risulta essere sostanzialmente un romanzo d'avventura, al pari del più famoso testoo di Dumas padre. La forma chiara, limpida e con uno stile leggero, ne fa – appunto – una sorta di "feuilleton" predumasiano in cui il nitore settecentesco si accompagna alla più sfrenata passionalità romantica. Vi sono indubbiamente molti punti di contatto tra l'opera di Scribe e quella di Merimée. Si prenda, ad esempio, l'incontro iniziale tra i due fratelli Mergy: nello Scribe esso è trasformato nell'intervento cavalleresco di Raul de Nangis per salvare dall'assalto di una turba di goliardi infoiati la bella Margherita di Valois, mentre nel romanzo dello scrittore parigino – all'inizio del terzo capitolo – il Mergy più giovane si reca sul Pont Saint–Michel e s'imbatte in un crocchio di giovani cortigiani fra i quali egli ravvisa suo fratello Giorgio. Dopo la scontata agnizione, il giovane ha un alterco proprio con quei cortigiani che accompagnavano il fratello e con i quali si era brevemente trattenuto, alterco che viene interrotto dall'arrivo di una donna bellissima, a cavallo d'una mula bianca condotta da uno scudiero e seguita da due lacché. Ovviamente, anche il Mergy, come il Raul di Scribe, viene folgorato dalla bellezza della ragazza, la quale però non è che una semplice contessa, sia pure corteggiata da mezza "nobilitas" francese, appunto quella Diana di Turgis di cui s'è già fatta menzione. Come si vede, l'impalcatura strutturale dei due testi è analoga:

TESTO MERIMÉE	TESTO SCRIBE
1) Raul de Nangis	1) Bernard de Mergy
2) Cortigiani	2) Studenti
3) Mula di Diane de Turgis	3) Carrozza di Margherita di Valois

Appare del tutto evidente che nel testo di Scribe viene operata un'esaltazione, ma al contempo anche un'inversione narrativa rispetto a quanto scrive Merimée: se tanto Raul che Bernard sono infatti nobili di piccolo cabotaggio, i personaggi collaterali, nel dramma scribiano, invertono il loro valore (cortigiani vs. studenti/contessa vs. regina). In tutta evidenza, questo non è che uno solo dei diversi punti di contatto esistenti tra le due opere e non è questa la sede per affrontare le articolate problematiche di filiazione tra di esse (cosa del resto già discussa, e bene, altrove[86]), ma risulta chiaro che – per quel che compete al panorama letterario italiano, il dramma dello Scribe è l'alfa e l'omega su cui operare una scelta dei rimandi e delle reciproche influenze tra le varie traduzioni e rivisitazioni. A tale proposito, va fatta una precisazione metodologica: si è scelto di operare la comparazione esegetica tra una coppia di passi tratti dalle tre traduzioni, nella consapevolezza che sarebbe stato un lavoro più che superfluo estendere detta comparazione

---

[86] Cfr., a titolo d'esempio, quanto si legge in *The Diaries of Giacomo Meyerbeer: 1791 – 1839*, cur. R.I. LETELLIER, Cranbury (NJ), AUP, 1999, pp. 448 – 449, n. 46, con bibliografia. Il Letellier parla di "drama tangentially adapted", perché la trama "necessitated a deepening of his own perception of the subject". Si tenga conto che come sottolineato dalla O'Donnell Hoover, "show that most of vivid details, gleaned from every available document related to the time, were the composers contribution to Les Huguenots", con il che facendo capire che il tessuto delle reciproche influenze è assi più complicato di quel che si possa immaginare. Su questo, cfr. ovviamente K. O'DONNELL HOOVER, "Meyerbeer", in AA.Vv., *Makers of Opera*, cur. C. SPRAGUE, Port Washington (NY) – London, Kennikat Press, 1971, p. 104. Per un'analisi dei rapport tormentati tra Scribe e Meyerbeer nella stesura del libretto (e per l'intervento dell'italiano Gaetano Rossi nella strutturazione del medesimo), cfr. F. DELLA SETA, *Italia e Francia nell'Ottocento*, Torino, EDT, 1993, pp. 131 – 133 (il volume del Della Seta è il 9 della moumentale *Storia della musica* curata dall'editore torinese).

all'intero "corpus" dei tre testi. Esemplificando, si può certamente dire che le differenze non sono soltanto di tipo lessicale, com'è possibile già ipotizzare ad una primo, superficiale analisi: esse, infatti, coinvolgono anche il dato metrico e – com'è facile ipotizzare – sono anche dettate, o almeno in massima parte lo sono, da questioni di tipo musicale che possono essere affrontate in questo luogo. I passi scelti consistono in due delle arie più note dell'opera, cioè "Plus blanche que la blanche hermine" (Atto I, Scena II); e "O beau pays de la Touraine" (Atto II, Scena I). Nel primo caso, si è voluto tener conto anche del passo precedente l'aria propriamente detta, mentre nel secondo si sono riscontrati dei problemi filologici forse divergenti rispetto alle tematiche del presente saggio, ma di cui varrà comunque la pena dar conto. Ma veniamo al primo dei due passi, per il quale ecco una chiostra riepilogativa:

TESTO ORIGINALE SCRIBE[87]

Non loin des vieilles tours et des remparts d'Amboise/ Seul j'égarais mes pas, quand j'aperçois soudain/ Une riche litière au détour du

---

[87] Cfr. *Théatre de Eugène Scribe de L'Académie Française. IV. Operas. La Muette de Portici – Le compe Ory – Le Philtre – Robert Le Diable – La Juive – Les Huguenots – Le Prophète.* Paris, Michel Lèvy Freres, Libraires-Éditeurs. Rue Vivielle, 2 bis. 1859, p. 220.

chemin;/ *D'étudiants nombreux la troupe discourtoise/ L'entourait, et leurs cris, leur air audacieux,/ Me laissaient deviner leur projet: — je m'élance/ Tout fuit à mon aspect... Timide — je m'avance./ Et quel spectacle alors vient s'offrir à mes yeux!/ [...]/ Plus blanche que la blanche hermine,/ Plus pure qu'un jour de printemps,/ Un ange, une vierge divine,/ De sa vue éblouit mes sens./ Ange ou mortelle./ Qu'elle était belle!/ Et malgré moi m'inclinant devant elle,/ Je lui disais: reine des amours,/ Toujours, toujours,/ Je t'aimerai toujours!*

TESTO TRADUZIONE PEREGO[88]

Solo io vagava non lontan dall'alte/ Torri d'Àmbosa – quando da lontano/ Vidi aurata lettiga/ Avanzarsi, ed intorno/ De'sbrigliati studenti.../ Dell'orda ineducata e discortese/ L'audacia, i gridi, il mormorar furtivo,/ Il progetto mi svelano: – fra i tristi/ Io mi slancio ed ognun fugge al mio aspetto/ Timido avanzo e veggo... ah qual nel cuore/ Mi sento a tal pensier fiamma d'amore!/ Bianca come gelsomino,/ Bella al par di bel mattino;/ Una vaga creatura/ Nuovo affetto in me destò./ Quant'eri bella/ Nel tuo pallor/ Sembravi stella/ Sul primo albor.../ Scordarti! ah no!/ Io t'amerò,/ Angelo mio,/ d'inusitato amor!

TESTO TRADUZIONE MARCELLO[89]

---

[88] Cfr., semasiologicamente, *Gli Ugonotti. Dramma in Cinque Atti di Eugenio Scribe. musica del Maestro Giacomo Meyerbeer. Nuova Versione di P. Perego*. Milano. Coi Tipi di Francesco Lucca, 1851, p. 8. D'ora in poi verrà citato come *Nuova Versione di P. Perego*, etc.

[89] Cfr., ad esempio, *Gli Ugonotti. Dramma in Cinque Atti di Eugenio Scribe. Nuova traduzione Italiana di M. Marcello. Musica di G. Meyerbeer. Da Rappresentarsi al Teatro Regio di Torino. Carnevale e Quaresima 1870-*

Lungo gli spalti, un dì, presso alle torri/ D'Ambosa, solitario io me ne giva:/ Quando veggo venir superbo cocchio,/ Al voltar del sentier. Stuol di studenti/ Scortese ed importuno il circondava:/ E i gridi lor, il piglio tracotante/ Rivelato m'avean i lor disegni./ Su lor mi scaglio... E tutti/ Fuggono innanzi a me... Quindi m'inoltro.../ Oh inoblïato dì!/ Qual incanto celeste a me s'offri!/ Bianca più di neve alpina/ Pura come il primo albor/ Una vergine divina/ A' miei sguardi apparve allor./ O quale incanto/ Celeste e santo!/ Senza volerlo a' piedi le cadea,/ E le dicea:/ Bell'angelo d'amor,/ Io voglio amarti ognor!

TESTO TRADUZIONE MAGGIONI[90]

Un dì presso al castello/ Dell'antica Amboise/ Errava mesto e solo/ Quando d'un tratto apparve/ Una ricca lettiga,/ Sul volger del sentiere./ Un numeroso stuolo/ Di giovani studenti l'investir,/ Le grida lor, l'ardir/ Ben mi fer noti i lor vili pensieri/ Io mi slanciai, ciascun fugge lontano,/ Allor timido avvanzo,/ Oh qual soave visïon, oh qual beltade/ A miei sguardi apparì./ Ah! più bianca del più bianco velo,/ E più pura d'un candido dì/ Una vergin io vidi dal cielo/ La sua vista il mio core rapì/ Vergin divina,/ Quanto eri bella!/ Malgrado me/ Io m'inchinai,/ E dissi allor.../ Bell'angiol, dea/ Del vero amor,/ Beltà

71. Milano. Coi Tipi di Francesco Lucca. 1870, p. 8, d'ora in poi citato come *Nuova Traduzioone di M. Marcello*, etc.

[90] Cfr. *Gli Ugonotti; (Les Huguenots). A Grand Opera in Four Acts, The Music by G. Meyerbeer, The Libretto (transalted from the French of E. Scribe) by Manfredo Maggioni. As Represented at The Royal Italian Opera, Covent Garden. Printed by Brettel, Rupert Street, Haymarket: Published at The Royal Italian Opera, Covent Garden* etc. 1848, pp. 8 – 10. D'ora in poi è citato come *Manfredo Maggioni*, etc.

del ciel/ Te voglia amare ognor.

Come si può facilmente notare, il testo che maggiormente si discosta dall'antigrafo di Scribe è quello del Maggioni, e non soltanto per questioni di resa verbale o di valore semantico dei termini tradotti, ma anche perché – a differenza degli altri e forse per motivazioni legate all'orchestrazione dello spartito del Meyerbeer – utilizza all'inizio il settenario piuttosto che il verso endecasillabo del Marcello e del Perego (i quali traducono, a loro volta, il "decasillabe epique" dell'originale francese). Lo spostamento, ad esempio, dell'aggettivo "vieilles" dalle torri al toponimo è soltanto in maggioni, come pure – solo nello stesso – l'aggettivo "nombreux" è tradotto accostandolo non agli studenti ma alla parola "stuolo". Se però le traduzioni del Marcello e del Perego si avvicinano di più al testo di Scribe, va rilevato che tutte e tre le versioni se ne discostano clamorosamente almeno in un punto, e in particolare all'inizio della vera e propria aria di Raul, dove le comparazioni originali – rispettivamente, con l'ermellino e con un giorno di primavera – vengono variamente sostituite (nel Maggioni attraverso la citazione di un "più bianco velo" e di un "candido dì"; nel Marcello con la menzione della "neve alpina" e del "primo albor"; nel Perego, e in rima, con un "gelsomino" e un "bel mattino"). Quest'ultima differenza suona banalizzante, e, almeno nella prima occasione, incongrua, in quanto in entrambi i casi la parola "ermellino" avrebbe facilmente consentito, in tutta evidenza, la composizione di un ottonario (Marcello) e di un decasillabo (Maggioni). Un secondo caso potrebbe essere rappresentato dalla parola "spectacle", che tanto nel Marcello ("incanto celeste"), quanto nel Maggioni ("soave visïon") e nel Perego, che addirittura muta completamente l'ordine sintattico; nell'ottica invece d'un maggior rispetto dei versi scribeani, si segnala la "riche litiere": mentre il Marcello parla addirittura di "superbo cocchio", i qui più fedeli Maggioni e Perego si limitano a rendere il binomio verbale francese con una "ricca lettiga" e una "aurata lettiga". E si potrebbe continuare, ma le questioni davvero importanti, si diceva, sorgono nel passo recitato da Marguerite. Ecco, anche in questo caso, una suddivisione strofica "secundum auctores":

TESTO SCRIBE[91]

O beau pays de la Touraine!/ Riants jardins, verte fontaine./ Ruisseau qui murmures à peine,/ Que sur tes bords j'aime à rêver/ Belles forêts, sombre feuillage./ Cachez–moi bien sous votre ombrage,/ Et que la foudre ou que l'orage/ Jusqu'à moi ne puisse aniver!/ Oue Luther ou Calvin ensanglantent la terre/ De leurs débats religieux;/ Des

---

[91] Cfr. *Théatre de Eugène Scribe* cit., p. 234.

ministres du ciel que la morale austere/ Nous épouvante au nom des cieux […].

TESTO PEREGO[92]

O di Turena – terra gentile,/ Giardin ridenti – freschi ruscelli;/ Come apparite – soavi e belli/ Al mio vivace – giovin pensier./ Remote selve – valli romite/ Della vostra ombra – mi ricoprite,/ E la possanza – del turbo ostile/ Non rompa i nostri – dolci mister!/ Che Calvino e Lutero/ Insanguin la terra,/ Colla loro aspra guerra/ Mossa al Dio solo e vero!/ La lor morale austera/ Non turbi de' miei dì la primavera.

TESTO MARCELLO[93]

O lieto suol de la Turrena,/ O bel giardin, contrada amena!/ Queto ruscel, che scorri appena,/ Accanto a te dolce è posar,/ E a'bei pensier s'abbandonar!/ Che Lutero e Calvino/ Di sangue empian la terra,/ Pei culti lor scatenando la guerra;/ E che ministri austeri a lor talento/ Del cielo in nome incutano spavento.

TESTO MAGGIONI[94]

O vago suol della Turrena,/ Erbette e fior, fresche sorgenti,/ Chiaro ruscel che s'ode appena,/ Oh, qual piacer di voi sognar./ O l'una, o l'altra fede/ Vermiglio faccia il suolo/ In lor varia e divota opposizione,/ De' ministri del cielo/ Sia la morale austera,/ D'un Dio

---

[92] Cfr. *Nuova Versione di P. Perego*, p. 18.
[93] Cfr. *Nuova Traduzione di M. Marcello*, p. 19.
[94] Cfr. *Manfredo Maggioni*, p. 26.

supremo Santo timor.

Il testo del Perego e quello del Marcello hanno una decisa strutturazione rimica, il primo a principio utilizzando il doppio quinario, mentre il secondo – con il Maggioni – facendo uso d'una quartina di novenari (l'ultimo tronco); il Maggioni medesimo, invece, fa rimare solo il 1° e il 3° verso, lasciando spazio (in questo sulla scia anche degli altri traduttori e dell'originale di Scribe) a uno schema ritmico assai variegato nei versi successivi al 4°. Il punto più importante sta però nel fatto che soltanto il Perego traduce i secondi otto versi di cui si compone l'aria dello Scribe ("Belles forêts, sombre feuillage./ Cachez–moi bien sous votre ombrage,/ Et que la foudre ou que l'orage/ Jusqu'à moi ne puisse aniver!"), mentre gli altri due non affrontano tale blocco di versi, e c'è da chiedersi perché. È ipotizzabile, in realtà, che sia il Maggioni che il Marcello avessero a loro disposizione una versione ridotta dell'originale scribeano, oppure che ci sia stata una contaminazione tra le due versioni, sulla base di un reciproco rapporto di filiazione (in particolare dal Marcello al Maggioni e non viceversa), il quale tuttavia appare del tutto indimostrabile. Anche in questo caso, la libertà dei traduttori è più o meno varia, al punto che è interessante confrontare tra di loro anche le didascalie illustrative:

TESTO SCRIBE

Le château et les jardins de Chenonceaux, à trois lienes d'Amboise. Le château de Chenonceaux est bâti sur un pont (en perspective). Le fleuve serpente en lignes courbes jusque sur le milieu du théatre, disparaissant de temps en temps derrière des touffes d'arbres verts. A droite, un larse escalier en pierre par lequel descend du château dans les jardins. — Au lever du rideau, Marguerite est entourée de ses femmes; elle vient d'achever sa toilette, et Urbain, son page, àgenoux devant elle, tient encore le miroir dans lequel elle tient de se regarder.

TESTO PEREGO

Rappresenta il teatro il Castello ed il Parco di Chenonceaux. – Corre il fiume sino in mezzo alla scena scomparendo di tratto in tratto fra il verde delle campagne. A destra un'ampia gradinata di sasso dalla quale si scende dal castello ai giardini. – All'alzarsi del sipario la Regina è circondata dalle sue damigelle che l'aiutano a compiere la toletta: il paggio Urbano è in ginocchio dinanzi a lei tenendo in mano uno specchio.

TESTO MARCELLO

Il castello ed i giardini di Chenonceaux: il fiume serpeggia nel fondo in mezzo agli alberi: il castello è sovra un'altura: ampia gradinata a destra che dal castello mette ai giardini. Margherita in mezzo alle sue damigelle d'onore sta abbigliandosi, mentre il paggio Urbano, inginocchiato innanzi a lei, tiene in mano uno specchio in cui ella si guarda.

TESTO MAGGIONI

Il teatro rappresenta il Castello e i Giardini dì Chenonceaux con una gran scalinata alla destra dello spettatore. Margarita circondata dalle Damigelle avrà apena finito la sua toletta.

È assolutamente palese come il solo Perego riproduca quasi fedelmente quella dello Scribe, mentre sia il Marcello (in modo più ricco), che il Maggioni, più laconicamente, si limitino a riassumere le indicazioni sceniche, forse lasciando ai registi un maggior arricchimento della scenografia e della postura dei personaggi.

Insomma, non è possibile non notare come esista una tradizione bipartita, che vede da un lato la versione del Perego come più completa e aderente al testo francese, e dall'altro le versioni di Maggioni e del Marcello, più libere (soprattutto la prima) e meno vincolate alla strutturazione drammatica dello Scribe. Questo livello di diversità, se pur non incide sulla dimensione contenutistica, mostra con estrema chiarezza come l'intervento dei traduttori si sia mosso nel solco di una sostanziale reinterpretazione semantica, ben inserita – ad ogni modo – nel tessuto tardo romantico a cui gli autori medesimi facevano riferimento. Il che tuttavia non esclude che le reciproche influenze abbiano portato alla creazione di un tessuto d'influenze corposo e composito, nel quale è possibile ricercare l'intersecarsi, in modo tangenziale, tra la costruzione scenica del dramma storico e le esigenze del "melò", o meglio dei vari musicisti che di quei melodrammi erano (e ancor oggi sono ricordati per tali) la parte maggiore.

INDICE

Finito di stampare a novembre 2015
Seconda Edizione Riveduta
ISBN 978–1–291–76311–9